EL PROYECTO DE ENSEÑANZA
Aprendizaje y evaluación

© 2018 Centro Universitario CIFE
www.cife.edu.mx
e-mail: contacto@cife.edu.mx
© Sergio Tobón

Coordinación editorial:
Dr. Luis Gibran Juárez-Hernández

Diseño gráfico:
Amaury Jiménez

Primera edición: 2018

Cuernavaca, Morelos, México
ISBN: 978-1-945721-06-9

Distribución:
Amazon
https://www.amazon.com.mx

ÍNDICE

SUGERENCIAS PARA EL EMPLEO Y APLICACIÓN DEL MANUAL

En el presente manual se propone un conjunto de actividades para comprender, planear y ejecutar un proyecto de enseñanza con base en el diagnóstico del grupo de estudiantes con el cual se va a trabajar, teniendo como referencia los retos de la sociedad del conocimiento y el enfoque socioformativo. Para ello, se sugiere:

1. Revise cada uno de los apartados del manual en el orden que mejor le interese y elabore organizadores gráficos para comprender mejor la información y la manera cómo se articula.
2. A medida que vaya estudiando el manual, realice una autoevaluación sobre los logros y aspectos a mejorar respecto a cada uno de los momentos que componen el proyecto de enseñanza. Con base en esto, implemente paulatinamente mejoras en el proceso y póngalas en práctica con sus estudiantes.
3. Realice los ejercicios de manera colaborativa con otros docentes para que entre todos se apoyen en tener una mejor comprensión y aplicación de los conceptos y procedimientos descritos.
4. Implemente las estrategias y procedimientos que se presentan en este manual en su práctica regular como docente, desde el inicio del ciclo escolar. De esta manera mejorarán sus conocimientos, habilidades y actitudes para mediar la formación integral en sus alumnos.

PRESENTACIÓN

Latinoamérica requiere avanzar hacia la sociedad del conocimiento, la cual consiste en trabajar de manera colaborativa en el mejoramiento de las condiciones de vida, gestionando y co-creando el conocimiento a partir de fuentes rigurosas, con pensamiento crítico y sistémico, el apoyo en las tecnologías de la información y la comunicación, y la metacognición permanente para lograr el mejoramiento continuo en lo que se hace. Para ello es necesario formar ciudadanos emprendedores que se enfoquen en la resolución de los problemas del contexto con una visión global. De allí la necesidad de tener nuevos enfoques pedagógicos que se centren más en la comunidad y sus necesidades, y menos en temas abstractos por sí mismos, como es el énfasis actual, con flexibilidad y colaboración entre todos los actores: estudiantes, docentes, directivos, profesionales, familias, comunidad, etc.

Uno de estos enfoques pedagógicos es la socioformación, una propuesta de origen latinoamericano que se ha construido mediante una comunidad activa de maestros frente a grupo con experiencias exitosas en la formación para el mundo de la vida, directivos e investigadores de diferentes áreas de la educación. Tiene como propósito central que los estudiantes se formen con un sólido proyecto ético de vida para identificar, interpretar, argumentar y resolver problemas del contexto, con apoyo en la colaboración, el emprendimiento de proyectos con vinculación social, la co-creación del conocimiento y el pensamiento complejo (análisis crítico, análisis sistémico, creatividad y metacognición).

Esto requiere pasar de prácticas pedagógicas centradas en el aprendizaje de contenidos, las clases expositivas, la evaluación sumativa, el aprendizaje individual y el énfasis en la calificación, por prácticas focalizadas en la sociedad del conocimiento, como: 1) formar y evaluar con base en la resolución de problemas del contexto; 2) promover el aprendizaje colaborativo con la participación activa de todos; 3) articular diversas estrategias didácticas que promuevan la apropiación de los saberes conceptuales, actitudinales y procedimentales; 4) abordar la evaluación como un proceso orientado en lograr la formación integral desde el inicio; y 5) buscar la vinculación con otras asignaturas y disciplinas para abordar los retos del entorno de manera sistémica.

En México, se realiza actualmente la evaluación de los docentes por medio de tres etapas: un informe de responsabilidades profesionales; un proyecto de enseñanza y una evaluación en línea. El proyecto de enseñanza, en el marco de este proceso, consiste en planear y ejecutar una planeación didáctica para tres, cuatro o cinco clases buscando el logro de un aprendizaje esperado, tomando como base un diagnóstico integral del grupo de alumnos sobre su contexto escolar, familiar y social, como también respecto a sus procesos de desarrollo cognitivo, psicoemocional, físico y social, los estilos y ritmos de aprendizaje, los intereses y la posible presencia de necesidades educativas especiales. Esto se complementa con un análisis y reflexión sobre la práctica implementada a partir de una serie de tareas evaluativas.

En este libro se aborda paso a paso la planeación del proyecto de enseñanza, junto con el proceso de implementación con los alumnos, la sistematización de las evidencias que solicita el proceso de evaluación del desempeño docente y la reflexión sobre los logros y áreas de oportunidad en las actividades ejecutadas, a partir del diagnóstico de las características del grupo de estudiantes. Todo esto se aborda siguiendo un conjunto de tareas evaluativas, como ejercicio para la descripción, el análisis y la argumentación en torno a los diferentes momentos del proceso. El propósito es mejorar las actividades de aprendizaje, enseñanza y evaluación que se implementan con los estudiantes, a partir de la reflexión continua sobre la práctica pedagógica.

ELABORACIÓN DEL DIAGNÓSTICO Y PLANEACIÓN DIDÁCTICA

Aprendizaje esperado:

Comprende el proceso de evaluación del desempeño, el diagnóstico del grupo y la planeación del proyecto de enseñanza paso a paso, tal y como lo solicita la Secretaría de Educación Pública de México.

INTRODUCCIÓN

En la evaluación del desempeño, la planeación del proyecto de enseñanza es una etapa central y constituye uno de los procesos más enriquecedores y relevantes de la práctica docente. Se compone de una planeación didáctica para un número pequeño de clases (3-5), con base en el diagnóstico del grupo, considerando el contexto escolar, familiar y sociocultural, el desarrollo biopsicosocial (cognitivo, social y físico) y los procesos de aprendizaje (saberes previos, estilos de aprendizaje, intereses y necesidades educativas especiales). Esto se propone con un enfoque centrado en la resolución de problemas para todas las asignaturas y los diferentes niveles educativos (preescolar, primaria y secundaria), mediante la colaboración, el desarrollo de la creatividad y la aplicación de la evaluación formativa centrada en lograr las metas establecidas con los estudiantes.

¿CUÁLES SON TUS SABERES PREVIOS SOBRE EL TEMA?

A continuación, se presenta la planeación de un proyecto de enseñanza. Por favor, lee y analiza la planeación y después responde las preguntas indicadas. Esto permitirá identificar y activar los saberes previos en torno al tema. Se sugiere realizar esta actividad antes de llevar a cabo la planeación didáctica propuesta como aplicación en este módulo. Puedes trabajar la actividad con un compañero o grupo de estudio.

Tabla 1. Planeación didáctica para Español 1, Secundaria. Análisis de saberes previos	
DIAGNÓSTICO	
Datos de la escuela	Nombre: Escuela Viva México Nivel: Secundaria Modalidad: Secundaria técnica Estado: Guanajuato
Diagnóstico del grupo	• La escuela posee aulas y un patio para la recreación. • El tamaño de los grupos es grande, con 42 alumnos en promedio. • Hay pocos computadores. • La mayoría de los padres no responde por la educación de los hijos.

	• El nivel socioeconómico de la comunidad es bajo. • La escuela se valora en la comunidad. • Hay muchos problemas de violencia en la comunidad. • Muchos alumnos tienen problemas en la redacción de textos. • El 50% de los alumnos posee un estilo de aprendizaje pragmático. • Los estudiantes se interesan mucho en las redes sociales y videojuegos.

PLANEACIÓN DIDÁCTICA

Título	La entrevista y sus componentes
Asignatura:	Español I, secundaria
Enfoque de la asignatura	Aprendizaje por competencias
Duración	5 sesiones de clase
Aprendizaje esperado:	Entrevista a una persona relevante de su localidad.
Problema del contexto	Los alumnos tienen dificultades de comprensión de lectura.
Productos o evidencias de desempeño	1. Mapa mental sobre la entrevista y su metodología. 2. Texto con la introducción y preguntas de la entrevista. 3. Audio de la entrevista realizada con la persona de la comunidad. 4. Redacción de las respuestas de la entrevista. 5. Síntesis final de la entrevista.
Actividades	**Apertura:** • Comprender la secuencia didáctica que se va a implementar, identificando el aprendizaje esperado, el producto, las actividades, la forma de organización del grupo, los recursos y la estrategia de evaluación. • Analizar y responder la siguiente pregunta en binas con base en los saberes previos: ¿Cómo se lleva a cabo una entrevista? **Desarrollo:** • Revisar el video "¿Qué es una entrevista?" y comentar con otro compañero algo que le haya llamado la atención. • Leer y comprender el apartado del libro de texto de Español 1: "La entrevista, su metodología y sistematización escrita" y presentar un mapa mental. Conformar un equipo de tres integrantes y explicarles este mapa a los compañeros. • Seleccionar un tema de interés, determinar el objetivo y seleccionar una persona relevante de la localidad para entrevistarla. Compartir lo anterior con el mismo equipo de la actividad previa y recibir sugerencias.

Actividades	• Buscar información sobre el tema seleccionado en internet y preparar las preguntas para hacerlas a la persona seleccionada (preguntas centrales y de apoyo). Usar los signos de pregunta. Esto se hace en los mismos equipos de la actividad anterior. • Hacer en equipo la entrevista a la persona seleccionada para ello, explicándole el objetivo, tomando en cuenta las sugerencias del libro de texto de Español 1. Grabar en audio o video la entrevista. • Pasar la entrevista a texto y mejorar la redacción, cuidando la ortografía y la coherencia entre las ideas. Usar los signos de exclamación e interrogación, como también el punto y la coma. Esto también se hace en equipo. **Cierre:** • Autoevaluar en equipo la entrevista escrita mediante una rúbrica entregada por el docente. • Realizar la heteroevaluación de la entrevista por parte del docente a través de la misma rúbrica empleada en la autoevaluación. • Elaborar en equipo una síntesis de la entrevista y compartirla con los pares y la familia. • Hacer en equipo una reflexión oral sobre las diferencias entre lengua oral y lengua escrita. • Presentar una reflexión escrita de manera individual sobre los usos y funciones de la entrevista en la vida social. • Presentar de manera individual todos los productos elaborados para recibir una calificación final del docente.
Instrumento de evaluación	Rúbrica analítica para evaluar la entrevista.

ANÁLISIS DEL CASO

Con base en la planeación didáctica presentada, por favor responda las siguientes preguntas y luego compare sus respuestas con lo que se indica en la Tabla 2:

1. ***¿El diagnóstico se corresponde con los lineamientos del Momento 1 del proyecto de enseñanza?***

   a. El diagnóstico está redactado con base en los criterios técnicos del Momento 1 del proyecto de enseñanza.

   b. El diagnóstico está incompleto. Le falta la parte sociocultural.

   c. El diagnóstico está incompleto. Le faltan las características del aprendizaje.

   d. El diagnóstico está incompleto. Le falta el proceso de desarrollo cognitivo, socioemocional, físico y social.

   Explique la respuesta.

2. ¿La planeación didáctica presentada contiene los elementos establecidos en el Momento 1 del proyecto de enseñanza?

a. La planeación didáctica presentada contiene todos los elementos establecidos en el Momento 1 del proyecto de enseñanza.

b. A la planeación didáctica presentada le faltan los recursos.

c. A la planeación didáctica presentada le falta la organización del grupo.

d. A la presentación didáctica presentada le faltan todos los elementos curriculares.

e. La planeación didáctica presentada no aborda los elementos curriculares como lo establece el Momento 1 del proyecto de enseñanza.

Explique la respuesta.

3. ¿Es pertinente la planeación didáctica acorde con el enfoque de la asignatura y el nuevo modelo educativo de la Secretaría de Educación Básica?

a. La planeación didáctica es pertinente con el nuevo modelo educativo de la SEP porque aborda los 14 principios pedagógicos.

b. La planeación didáctica no aborda un problema del contexto.

c. La planeación didáctica aborda un problema del contexto.

d. La planeación didáctica aborda la transversalidad, vinculación o interdisciplinariedad.

e. La planeación didáctica es pertinente a la sociedad del conocimiento que se propone en el nuevo modelo educativo.

Explique la respuesta.

4. ¿La planeación aborda la evaluación acorde con el Momento 1 del proyecto de enseñanza?

a. La planeación didáctica no aborda la evaluación del aprendizaje.

b. La estrategia de evaluación aborda las acciones, técnicas e instrumentos que permiten valorar el nivel de logro del aprendizaje esperado tal y como lo establece el Momento 1 del proyecto de enseñanza.

c. La estrategia de evaluación no aborda las acciones, técnicas e instrumentos que permiten valorar el nivel de logro del aprendizaje esperado tal y como lo establece el momento 1 del proyecto de enseñanza.

d. La estrategia de evaluación no aborda los diferentes tipos de evaluación: diagnóstica, formativa o sumativa.

Tabla 2. Respuestas más pertinentes al análisis de saberes previos		
Pregunta	Respuesta correcta	Sustentación
1	d. El diagnóstico está incompleto. Le falta la parte del desarrollo cognitivo, emocional, social y físico.	El diagnóstico, de acuerdo con el Momento 1 del proyecto de enseñanza debe tener tres dimensiones: -Características de desarrollo cognitivo, emocional, físico y social de los alumnos. -Características de aprendizaje (saberes previos, estilos y ritmos de aprendizaje, estrategia de aprendizaje, necesidades educativas especiales e intereses). -Contexto escolar, familiar y sociocultural. En la planeación presentada, falta el desarrollo cognitivo, afectivo, físico y social.
2	e. La planeación didáctica presentada no aborda los elementos curriculares como lo establece el Momento 1 del proyecto de enseñanza.	A la planeación didáctica le falta los siguientes elementos curriculares: -Ámbito. -Práctica social del lenguaje.
3	b. La planeación didáctica no aborda un problema del contexto.	No se aborda un problema del mundo de la vida, que rete a los alumnos hacia el aprendizaje profundo y significativo, y contribuya a desarrollar su creatividad. Por ejemplo, no se abordan problemas tales como el embarazo no planeado, la contaminación, la pobreza, la depresión, el estrés, los conflictos familiares, la violencia, etc. Es una planeación centrada en el tema en sí mismo.
4	c. La estrategia de evaluación no aborda las acciones, técnicas e instrumentos que permiten valorar el nivel de logro del aprendizaje esperado tal y como lo establece el momento 1 del proyecto de enseñanza.	Efectivamente, en la planeación didáctica no se abordan con detalle y profundidad las acciones, técnicas e instrumentos que se estipulan en el Momento 1 del proyecto de enseñanza. Se abordan elementos de evaluación, pero sin que exista profundidad. Por ejemplo, falta el instrumento de evaluación.

Sugerencia: Compare el diagnóstico y la planeación didáctica presentada en el análisis de saberes previos con el ejemplo de diagnóstico y planeación didáctica que se describen más adelante, en este mismo capítulo. Identifique las mejoras realizadas.

¿CÓMO ES EL PROCESO DE EVALUACIÓN DEL DESEMPEÑO DOCENTE?

Definición de evaluación de desempeño docente

La evaluación del desempeño en los docentes y técnicos docentes de educación básica en México es un proceso obligatorio por lo menos una vez cada cuatro años, de acuerdo con la Ley General del Servicio Profesional Docente (LGSPD), en su artículo 52. Este proceso consiste en determinar los logros y aspectos a mejorar en los docentes con respecto al proceso de aprendizaje, enseñanza y evaluación, con la finalidad de contribuir a la formación integral de los estudiantes. La evaluación del desempeño docente se caracteriza por enfocarse en un perfil de maestro que se espera para la educación básica de México, buscando que ayude a mejorar la actuación docente con sus alumnos en un marco de inclusión y considerando los retos del desarrollo social sostenible.

Propósitos

Los propósitos de la evaluación del desempeño en los docentes y técnicos docentes son (SEP, 2018):

1. Valorar el desempeño con el fin de determinar los logros y aspectos a mejorar.

2. Buscar que los docentes y técnicos docentes posean un nivel mínimo de suficiencia para llevar a cabo los procesos de aprendizaje, enseñanza y evaluación.

3. Mejorar la calidad de la educación a través del ejercicio profesional de los docentes y técnicos docentes.

4. Determinar las principales necesidades de formación con el fin de implementar acciones de formación continua, asesoría y tutoría pertinentes que tengan impacto en las prácticas de enseñanza.

5. Brindar estímulos, incentivos y reconocimientos a los docentes y técnicos docentes por su desempeño

Componentes de los instrumentos para la evaluación del desempeño docente

La evaluación del desempeño se compone de tres instrumentos esenciales, los cuales se describen en la Figura 1 y sus componentes esenciales se presentan en la Tabla 3.

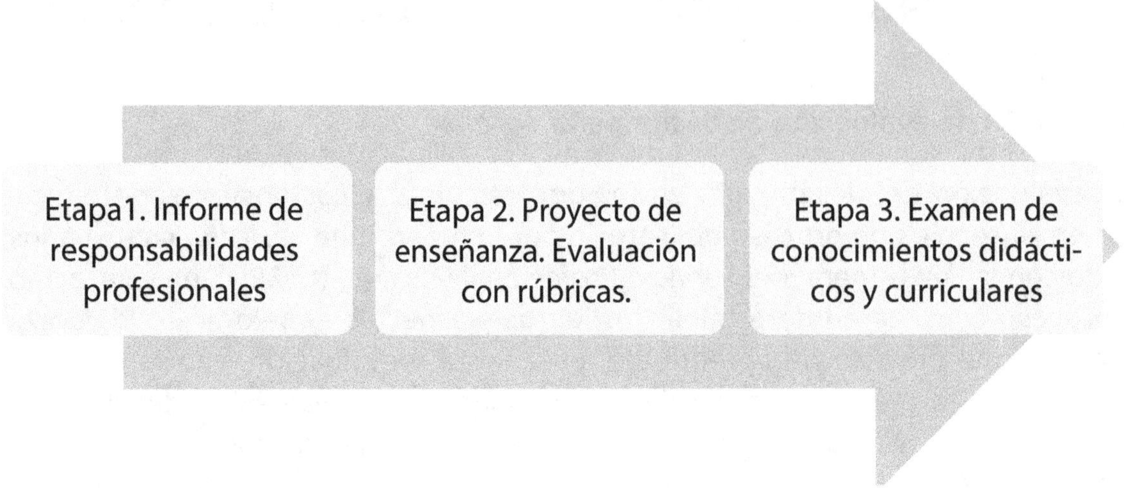

Etapa1. Informe de responsabilidades profesionales

Etapa 2. Proyecto de enseñanza. Evaluación con rúbricas.

Etapa 3. Examen de conocimientos didácticos y curriculares

Figura 1. Etapas de la evaluación del desempeño

Tabla 3. Características de cada instrumento de evaluación del desempeño docente		
ETAPA 1. Informe de responsabilidades profesionales	ETAPA 2. Proyecto de enseñanza	ETAPA 3. Examen de conocimientos didácticos y curriculares
Tipo: cuestionario Propósito: identificar el grado de cumplimiento de la función docente mediante un cuestionario dirigido al docente y otro a su autoridad inmediata.	Tipo: rúbrica Propósito: determinar las acciones que implementan los docentes para lograr los aprendizajes esperados considerando las características de los alumnos.	Tipo: examen Propósito: determinar los conocimientos que poseen los docentes sobre los procesos didácticos para lograr el aprendizaje.

¿QUÉ ES UN PROYECTO DE ENSEÑANZA?

De acuerdo con la evaluación del desempeño docente, un proyecto de enseñanza es la elaboración de una planeación didáctica para 3-5 sesiones de clase en función de las características del grupo de estudiantes con el cual se trabaja, la ejecución de esta planeación considerando el contexto, la sistematización de tres evidencias del desempeño docente y la elaboración de un análisis y reflexión en torno a la práctica implementada con el apoyo de una serie de tareas evaluativas. En la práctica cotidiana, el proyecto de enseñanza puede durar menos o más sesiones en función de los aprendizajes esperados que se buscan y el ritmo de aprendizaje de los alumnos.

Desde la socioformación, el proyecto de enseñanza se aborda como un conjunto articulado de actividades para lograr uno o varios aprendizajes esperados mediante la resolución de un problema del contexto con base en el logro de un producto significativo y el fortalecimiento del pensamiento complejo. Esto se hace en el marco de la transversalidad con otra u otras asignaturas para que los alumnos aprendan a ser emprendedores y contribuyan a mejorar las condiciones de vida.

Un proyecto de enseñanza se gestiona mediante tres momentos articulados y en interacción continua, los cuales se van modificando en función del seguimiento y evaluación de los estudiantes y del mismo proceso: diagnóstico y planeación didáctica; intervención docente; y análisis y reflexión de la práctica pedagógica llevada a cabo. Esto significa que la planeación se puede ir adecuando en función de los demás ejes y no es rígida, como la planeación didáctica tradicional.

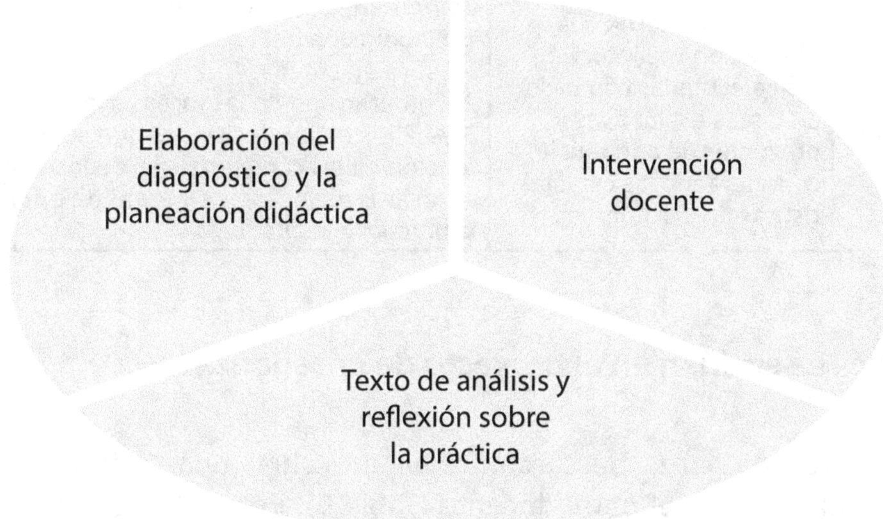

Figura 2. Momentos del proyecto de enseñanza

¿En qué consisten los tres momentos del proyecto de enseñanza?

En la Tabla 4 se describen los tres momentos de un proyecto de enseñanza desde la socioformación, con sus diferentes componentes.

Tabla 4. Momentos del proyecto de enseñanza		
Momento	**Definición**	**Descripción de acciones esenciales**
1. Elaboración del diagnóstico y de la planeación didáctica	Consiste en establecer cómo será el proceso de formación de los alumnos a partir de un diagnóstico del grupo.	Planear el proyecto de enseñanza considerando: 1. Realizar el diagnóstico del grupo y de los retos del contexto. 2. Determinar los elementos curriculares, las estrategias didácticas, los recursos (tiempos, espacios, materiales), la organización del grupo y la estrategia de evaluación. Esto debe hacerse en relación a un reto del entorno. 3. Evaluar el proyecto e implementar mejoras.
2. Intervención docente	Consiste en ejecutar las actividades planeadas y presentar tres productos representativos de los alumnos.	Acciones esenciales: 1. Tener en cuenta el empleo de los recursos para lograr los aprendizajes esperados. 2. Evidenciar el proceso de evaluación ejecutado (actividades e instrumentos). 3. Presentar la retroalimentación brindada a los estudiantes para lograr los aprendizajes esperados.
3. Texto de análisis y reflexión sobre la práctica	Reflexión en torno a la planeación y la intervención ejecutadas con base en tareas evaluativas y preguntas de andamiaje, considerando las características de los alumnos.	Comprende acciones tales como: 1. Elaboración del texto de análisis y reflexión de la práctica ejecutada. 2. Comprensión de las tareas evaluativas 3. Análisis de las decisiones que se tomaron en función de las características de los alumnos. 4. Análisis de los logros y áreas de oportunidad de la práctica ejecutada.

¿Qué aspectos se evalúan en el proyecto de enseñanza?

El proyecto de enseñanza busca contribuir a evaluar una serie de dimensiones, parámetros e indicadores del perfil docente (Tabla 5). Estos elementos se evalúan en los diferentes momentos del proceso.

Tabla 5. Aspectos que evalúa el proyecto de enseñanza			
Dimensión	**Parámetro**	**Indicadores**	**Momento en el cual se evalúan estos aspectos**
Dimensión 2. Un docente que organiza y evalúa el trabajo educativo, y realiza una intervención didáctica pertinente.	2.1 Organiza su intervención docente para el aprendizaje de sus alumnos.	2.1.1 Identifica las características del entorno escolar para la organización de su intervención docente. 2.1.2 Identifica las características de los alumnos para organizar su intervención docente y atender sus necesidades educativas. 2.1.3 Diseña situaciones didácticas acordes con los aprendizajes esperados, con las necesidades educativas de sus alumnos y con los enfoques de las asignaturas. 2.1.4 Organiza a los alumnos, el tiempo y los materiales necesarios para su intervención docente.	Momento 1. Diagnóstico y planeación didáctica.
	2.2 Desarrolla estrategias didácticas para que sus alumnos aprendan.	2.2.1 Establece comunicación con los alumnos acorde con el nivel educativo en el que desarrolla su intervención docente. 2.2.2 Emplea estrategias didácticas para que sus alumnos aprendan considerando lo que saben, la interacción con sus pares y la participación de todos. 2.2.3 Realiza una intervención docente acorde con los aprendizajes esperados, con las necesidades educativas de sus alumnos y con el enfoque de las asignaturas. 2.2.4 Emplea estrategias didácticas que impliquen a los alumnos el desarrollo de habilidades cognitivas como observar, preguntar, imaginar, explicar, buscar soluciones y expresar ideas propias. 2.2.5 Utiliza diversos materiales para el logro de los propósitos educativos, considerando las Tecnologías de la Información y la Comunicación disponibles en su contexto. 2.2.6 Utiliza estrategias didácticas para atender la diversidad asociada a condiciones personales, lingüísticas y culturales de los alumnos.	Momento 2. Intervención docente.

	2.3 Utiliza la evaluación de los aprendizajes con fines de mejora.	2.3.1 Utiliza estrategias, técnicas e instrumentos de evaluación que le permiten identificar el nivel de logro de los aprendizajes de cada uno de sus alumnos. 2.3.2 Utiliza los resultados de la evaluación de sus alumnos para mejorar su práctica docente.	Momento 2. Intervención docente.
	2.4 Construye ambientes favorables para el aprendizaje	2.4.1 Organiza los espacios del aula para que sean lugares propicios para el aprendizaje de todos los alumnos. 2.4.3 Utiliza el tiempo escolar en actividades que contribuyen al logro de los propósitos educativos en todos sus alumnos.	Momento 2. Intervención docente.
Dimensión 3. Un docente que se reconoce como profesional que mejora continuamente para apoyar a los alumnos en su aprendizaje.	3.1 Reflexiona sistemáticamente sobre su práctica docente como medio para mejorarla.	3.1.1 Identifica los aspectos a mejorar en su función docente como resultado del análisis de las evidencias de su práctica. 3.1.2 Utiliza referentes teóricos en el análisis de su práctica docente con el fin de mejorarla.	Momento 3. Análisis y reflexión de la práctica.
	3.2 Emplea estrategias de estudio y aprendizaje para su desarrollo profesional.	3.2.3 Elabora textos orales y escritos con la finalidad de compartir experiencias y fortalecer su práctica profesional.	Momento 3. Análisis y reflexión de la práctica.
Dimensión 4. Un docente que asume las responsabilidades legales y éticas inherentes a su profesión para el bienestar de los alumnos.	4.1 Considera los principios filosóficos, los fundamentos legales y las finalidades de la educación pública mexicana en el ejercicio de su función docente.	4.1.1 Desarrolla su función docente con apego a los principios filosóficos establecidos en el artículo tercero constitucional.	Momentos 1, 2 y 3
	4.4 Demuestra altas expectativas sobre el aprendizaje de todos sus alumnos.	4.4.1 Reconoce la relación entre las expectativas que tiene sobre el aprendizaje de sus alumnos y sus logros educativos.	Momento 3. Análisis y reflexión de la práctica.

Tomado de: SEP (2018).

¿Cuáles son las principales recomendaciones a tener en cuenta para implementar los proyectos de enseñanza?

En la Tabla 6 se describen algunas recomendaciones a tener en cuenta en la implementación de un proyecto de enseñanza.

Tabla 6. Sugerencias por considerar en el proyecto de enseñanza	
Elemento	**Sugerencias**
Aprendizaje esperado	Los proyectos de enseñanza deben enfocarse en el logro de un aprendizaje esperado en máximo cinco sesiones de clase. Si no es factible lograr de manera completa el aprendizaje esperado en este número de sesiones, puede considerarse solamente una parte de éste y dejarse la constancia de ello al inicio de la planeación. Evitar agregar en la planeación otros conceptos como objetivos o propósitos, pues todo debe centrarse en el aprendizaje esperado.
Diagnóstico	El diagnóstico debe posibilitar que la planeación didáctica sea pertinente al grupo de alumnos en los cuales se debe aplicar. Se recomienda emplear un registro de observación y aplicar instrumentos para evaluar determinados aspectos como el ambiente familiar, las competencias básicas, los estilos de aprendizaje y los intereses.
Planeación	1. Centrar la planeación didáctica en la resolución de problemas del contexto, considerando el diagnóstico del grupo. Estos problemas deben ser del mundo de la vida. 2. Buscar que la planeación se centre ante todo en lo que debe hacer el estudiante para aprender y no en las tareas del docente. Esto se corresponde con el enfoque centrado en el aprendizaje. Se pueden agregar las actividades que debe hacer el docente, pero como complemento.
Ejecución	El proyecto de enseñanza debe ejecutarse con los alumnos que se tienen siguiendo el diagnóstico del grupo y una determinada planeación didáctica, y con base en ello describir la experiencia en la plataforma de evaluación de la SEP.
Recursos	Desde el diagnóstico deben identificarse con claridad los recursos que se poseen y emplearlos en las actividades de aprendizaje con base en una programación. Si se carece de los recursos básicos, es necesario buscar recursos alternativos.
Evaluación	1. Integrar las actividades de evaluación en las actividades de aprendizaje. 2. Enfocarse en un único producto central como evidencia de logro del aprendizaje esperado y para la evaluación. Evitar tener muchos productos de evaluación. 3. Anexar el instrumento empleado en la evaluación del producto central. 4. Se recomienda que el instrumento sea una rúbrica analítica o sintética, que es uno de los instrumentos más completos para evaluar la actuación de los estudiantes ante problemas del contexto. 5. Orientar la evaluación para que el alumno aprenda y logre el aprendizaje esperado.

Articulación con otras asignaturas	Desde la socioformación es deseable que el proyecto de enseñanza se articule o vincule al menos con otra asignatura, considerando alguna actividad o el producto central. No se recomienda una articulación con muchas asignaturas si no se tiene experiencia en ello o se carece del tiempo necesario.
Ejemplo	Revisar al menos un ejemplo de diagnóstico y planeación didáctica, antes de empezar el proceso de planeación e implementación del proyecto de enseñanza. Es importante que el ejemplo se enfoque en abordar el aprendizaje desde el alumno y se centre en la resolución de un problema del contexto.
Prácticas pedagógicas pertinentes	El proyecto de enseñanza debe ser tomado como una experiencia que ayude a mejorar las prácticas pedagógicas de los maestros y los procesos de aprendizaje de los alumnos, con el fin de trascender el ejercicio de la evaluación del desempeño. Abordar en la planeación didáctica del proyecto de enseñanza prácticas pedagógicas pertinentes al momento de proponer las actividades, como: 1) buscar que los estudiantes aprendan mediante la resolución de problemas del contexto; 2) promover el aprendizaje mediante la colaboración; 3) considerar el proyecto ético de vida, es decir, los valores universales y el compromiso con la comunidad y el desarrollo social sostenible; 4) buscar la co-construcción del conocimiento mediante fuentes pertinentes; 5) desarrollar el pensamiento complejo (análisis crítico, creatividad y análisis sistémico); y 6) aplicar la metacognición para que los estudiantes aprendan del error, mejorando de manera continua.

¿CÓMO ELABORAR EL PROYECTO DE ENSEÑANZA EN LA PLATAFORMA?

En la fecha establecida por la Secretaría de Educación Pública, se debe ingresar a la plataforma y comenzar a completar los siguientes aspectos atendiendo una serie de tareas evaluativas y preguntas de andamiaje que van a estar en la plataforma.

¿Qué son las tareas evaluativas?

Las tareas evaluativas son actividades susceptibles de ser observadas en los docentes. La función de estas tareas es brindar información en torno a cómo elaboró y ejecutó su plan de trabajo, y las decisiones que tomó durante el proceso. Las tareas evaluativas requieren ser respondidas a partir del plan de trabajo abordado con los alumnos, y deben contener: 1) reflexión sobre lo que se hizo, a partir de las actividades de aprendizaje y evaluación propuestas; 2) argumentación de las respuestas con detalle; 3) recuperación de lo que se hizo en el escenario real y tener en cuenta el diagnóstico del grupo; y 4) elaboración de la respuesta con criterios propios.

¿Qué son las preguntas de andamiaje?

Son preguntas específicas que tienen las tareas evaluativas para orientar el análisis. No es necesario responder cada pregunta, aunque se recomienda considerarlas en el desarrollo de las respuestas. Estas preguntas aportan los siguientes elementos: 1) especifican los componentes que deben tenerse en cuenta en la tarea evaluativa; 2) ayudan a clarificar la profundidad que se debe considerar en cada tarea evaluativa; 3) permiten determinar las características de los alumnos; 4) delimitan los contextos que se deben tener en cuenta en cada respuesta; y 5) enfatizan en lo esencial de cada tarea evaluativa, buscando la pertinencia.

¿Cómo es el proceso para completar el Momento 1 del proyecto de enseñanza?

Inicialmente, hay que redactar el diagnóstico completo del grupo de alumnos y subirlo a la plataforma.

A continuación, se comienzan a responder las tareas evaluativas:

Ejemplo de tareas evaluativas:

- Tarea evaluativa 1: Planeación didáctica a partir del diagnóstico

- Tarea evaluativa 2: Justificación de la pertinencia de las actividades en función de las características del grupo y del contexto.

- Tarea evaluativa 3: Explicación de cómo las actividades de aprendizaje propuestas responden al enfoque de la asignatura que se imparte.

Sugerencia: es importante planear cada tarea evaluativa en Word y después copiar y pegar en la plataforma.

Trabajo colaborativo para elaborar el diagnóstico y el proyecto de enseñanza

Desde la socioformación se propone trabajar de manera colaborativa en la capacitación para abordar los diferentes momentos del proyecto de enseñanza. A continuación, se brindan sugerencias para el logro de algunos productos centrales:

Diagnóstico del grupo. Este proceso puede ser realizado de manera colaborativa entre todos los maestros de una misma institución o grado, para articular las contribuciones de todos, considerando la participación activa de los mismos alumnos y padres de familia, como también de otras personas de la comunidad. Sin embargo, cada diagnóstico debe ser único y establecerse para el grupo en el cual se va a ejecutar el proceso.

Se sugiere abordar el diagnóstico como un proyecto formativo transversal entre las asignaturas que posibilite trabajar los aprendizajes esperados de varias de ellas. De esta manera, se tendría el protagonismo de los estudiantes. Además, es importante revisar los estudios del contexto que se han hecho en ciclos escolares anteriores y retomarlos, como también tener en cuenta la ruta de mejora escolar, la cual ya tiene un diagnóstico general de la escuela que puede servir de contextualización, para no partir de cero.

Planeación didáctica. Aunque cada maestro debe elaborar su propia planeación de acuerdo con las características del grupo, puede integrarse con otros maestros en un equipo o comunidad de aprendizaje para revisar entre todos ejemplos y modelos de planeación didáctica que cumplan con los referentes de la evaluación del desempeño docente. Además, pueden revisar entre pares las planeaciones mediante coevaluación, para mejorarlas antes de subirlas a la plataforma. Se sugiere conformar equipos sólidos para que entre maestros se apoyen en los diferentes elementos del proyecto de enseñanza. Para ello, es importante que los equipos acuerden un nombre que los identifique, un lugar para las reuniones y fechas de trabajo. Además, se sugiere la distribución de los roles descritos en la Tabla 7 con el fin de asegurar el éxito del proceso.

Tabla 7. Roles para el trabajo colaborativo				
Equipo	**Integrantes**	**Responsable**	**Logros**	**Sugerencias**
Rol de coordinación	-Dirige el trabajo -Media la solución de controversias y conflictos -Se focaliza en lograr la meta con el apoyo de todos			
Rol de sistematización	-Sistematiza las evidencias de manera oficial -Comparte las evidencias con los compañeros, agregando la autoevaluación y coevaluación -Comparte las evidencias con la comunidad			
Rol de gestión de la calidad	-Orienta la autoevaluación y coevaluación de las evidencias -Busca que las evidencias cumplan con las condiciones de calidad del instrumento de evaluación -Hace sugerencias para mejorar las evidencias			
Rol de dinamización	-Busca que el equipo esté integrado y unido -Busca que el equipo esté motivado -Controla el tiempo asignado			
Otros roles				

¿CÓMO ELABORAR EL DIAGNÓSTICO DEL GRUPO?

En la plataforma, lo primero que hay que redactar es el diagnóstico del grupo con el cual se está trabajando. Todas las tareas evaluativas se basan de una u otra forma en esta información, por lo cual debe ser muy bien establecida y contener información concreta. Primero, se hace en un documento en Word, se revisa y después se coloca en la plataforma.

¿Qué es el diagnóstico del grupo?

Consiste en determinar las características esenciales de los estudiantes respecto al contexto en el cual viven (escolar, sociocultural y familiar), su desarrollo (cognitivo, biológico y físico) y sus procesos de aprendizaje (desarrollo de las competencias básicas, estilos y ritmos de aprendizaje, y necesidades de aprendizaje) con el fin de orientar las actividades de aprendizaje y evaluación.

¿Qué aspectos se deben abordar en el diagnóstico?

El diagnóstico del grupo puede incluir múltiples aspectos, pero, para efectos del proyecto de enseñanza, ante todo deben considerarse los siguientes ejes que tienen influencia en el aprendizaje y que se deben tener en cuenta en la planeación didáctica: características del contexto que influyen en el aprendizaje y los procesos de desarrollo y formación de los alumnos:

1. Aspectos del contexto que influyen en el aprendizaje: contexto escolar, contexto familiar y contexto sociocultural.

2. Desarrollo integral de los estudiantes (desarrollo cognitivo, social y físico de los alumnos) y características de aprendizaje (saberes previos; estilos y ritmos de aprendizaje; necesidades de aprendizaje e intereses).

En la Tabla 8 se describen los diferentes elementos que se pueden considerar en el diagnóstico del grupo. Se debe priorizar en la información que tenga impacto sobre la enseñanza. La redacción en el proyecto de enseñanza puede hacerse mediante texto o el empleo de tablas.

Tabla 8. Diagnóstico del grupo		
DIAGNÓSTICO DEL CONTEXTO ESCOLAR, FAMILIAR Y SOCIOCULTURAL		
Información sociodemográfica	Nombre de la escuela: CCT: Nivel: Modalidad: Sostenimiento: Grado escolar: Turno: Estado: Municipio: Ubicación: Número de alumnos en la escuela: Número de grupos: Promedio de alumnos por grupo: Número de docentes: Número de alumnos en el grupo: Género de los alumnos en el grupo: Rango de edad en el grupo:	
Componente	Aspectos que facilitan el aprendizaje	Aspectos que dificultan o bloquean el aprendizaje
Contexto escolar		
Contexto familiar		
Contexto sociocultural		
Diagnóstico del desarrollo integral y de los procesos de aprendizaje		
Características del desarrollo cognitivo, socioemocional, social y físico de los alumnos		
Dominio de las competencias básicas (lectura, escritura, cálculo y convivencia)		
Estilos y ritmos de aprendizaje de los alumnos		
Necesidades de aprendizaje y necesidades educativas especiales		
Intereses y uso del tiempo libre		

¿Qué formato se sugiere para elaborar el diagnóstico?

Para elaborar el diagnóstico, se propone el formato indicado en la Tabla 8, con base en las sugerencias de maestros que lo han empleado como parte de su ejercicio profesional. Este formato tiene las siguientes ventajas: 1) está acorde con las tareas evaluativas de la evaluación del desempeño docente; 2) ayuda a organizar la información frente a cada una de las dimensiones evaluadas del diagnóstico; y 3) permite clarificar qué aspectos influyen en el aprendizaje y cuáles lo bloquean, algo esencial para orientar la planeación didáctica y argumentar con profundidad diferentes aspectos de la evaluación docente.

¿Cómo elaborar el diagnóstico del grupo?

Se sugiere realizar el diagnóstico del grupo mediante las siguientes acciones:

1. Revisar el formato sugerido y comprender su estructura y elementos.

2. Determinar qué datos se pueden obtener por observación directa o experiencia, y cuáles requieren la revisión de documentos o el empleo de instrumentos específicos.

3. Elaborar o buscar los instrumentos requeridos para recolectar la información del grupo.

4. Considerar la posibilidad de hacer el diagnóstico del grupo con base en el trabajo colaborativo con otros maestros de la misma institución. Sin embargo, para la evaluación del desempeño, debe presentarse un diagnóstico original y único por cada grupo.

5. Sistematizar la información, revisar para que quede completa y clara, y asegurar que posea una correcta redacción y ortografía.

ASPECTOS DEL CONTEXTO

Contexto escolar

Son las características de la escuela y del aula que influyen en el aprendizaje, como la ubicación, el número de alumnos por aula, la infraestructura, los recursos para el aprendizaje, el personal que posee la escuela y las relaciones entre los diferentes actores.

Elementos que comprende:

- Nombre de la escuela
- Tipo de escuela
- Grado
- Horario
- Lugar de residencia
- Porcentajes de hombres y mujeres
- Rango de edad
- Infraestructura
- Recursos para el aprendizaje
- Personal que posee la escuela
- Relaciones entre los diferentes actores y trabajo colaborativo

Metodología:

Tener en cuenta información a partir de:

- Ruta de mejora escolar
- Registro de observación
- Test para evaluar las prácticas pedagógicas
- Encuesta para determinar el trabajo colaborativo

Tabla 9. Aspectos del contexto escolar que influyen en el aprendizaje	
Aspectos que favorecen el aprendizaje	Aspectos que bloquean o dificultan el aprendizaje
-Vivir cerca de la escuela -Tener alumnos con una edad similar -Aulas amplias que eviten el hacinamiento -Ventilación y luz natural -Biblioteca escolar con libros de apoyo para todo el currículo -Biblioteca de aula -Aula de multimedios -Computadores -Acceso a internet -Personal comprometido y en continua formación -Trabajo colaborativo entre todos los actores	-Tener grupos con mucha diferencia de edad -Vivir muy lejos de la escuela -Hacinamiento en las aulas -Alto número de alumnos por grupo (superior a 40) -Falta de recursos para el aprendizaje, como ausencia de computadores que funcionen y falta de espacios adecuados para impartir las clases -Personal poco comprometido y capacitado -Prácticas pedagógicas tradicionalistas centradas en lo expositivo y los contenidos -Poco trabajo colaborativo entre los diferentes actores

Contexto familiar

Son las características del entorno familiar que potencian o dificultan el logro de los aprendizajes esperados, como la estructura, las relaciones entre los integrantes y las pautas educativas.

Elementos que comprende:

- Estructura y relaciones entre los integrantes.

- Escolaridad de los padres.

- Condiciones socioeconómicas de los padres.

- Apoyo a la educación de los hijos.

Metodología:

- Encuestas y entrevistas a las familias.

- Registro de participación de las familias en las reuniones de la escuela.

- Registro del apoyo de los padres en las tareas de los hijos.

- Las familias en México, se clasifican en tres grupos:

- Nucleares (cerca del 70%): son hogares conformados por el papá, la mamá y los hijos, o sólo la mamá o el papá con hijos; o una pareja que vive junta sin hijos.

- Ampliadas (cerca del 28-29%): son hogares conformados por un hogar nuclear más otros parientes (tíos, primos, hermanos, suegros, etcétera).

- Compuestas (porcentaje restante): constituidas por un hogar nuclear o ampliado, más personas sin parentesco con el jefe del hogar.

Respecto al jefe del hogar, puede ser una mujer o un hombre. En México, en la encuesta nacional del 2015 la mujer es la jefa en el 29% de los hogares.

Tabla 10. Aspectos familiares que favorecen o afectan el aprendizaje	
Aspectos que favorecen el aprendizaje	Aspectos que bloquean o dificultan el aprendizaje
-Convivencia y relaciones positivas entre los integrantes de la familia. -Comunicación positiva y asertiva entre todos para resolver los conflictos. -Apoyo continuo a la educación de los hijos. -Posesión de los recursos económicos suficientes para satisfacer las necesidades básicas.	-Ausencia de los padres y abandono de los hijos. -Violencia intrafamiliar. -Bajas condiciones escolares de los padres. -Falta de apoyo a la educación de los hijos. -Altos niveles de pobreza en la familia.

Contexto sociocultural

Se refiere a todos aquellos aspectos culturales, lingüísticos, políticos y económicos de la comunidad en la cual se halla la escuela y que tienen influencia en el aprendizaje de los alumnos.

Elementos que comprende:

- Ubicación de la comunidad (urbana, semiurbana o rural).
- Diversidad lingüística.
- Características sociales de la comunidad en la cual se ubica la escuela.
- Características económicas de la comunidad en la cual está la escuela.
- Valoración de la escuela y de la educación en la comunidad.

Metodología:

Revisión de informes que existan sobre las características socioculturales y económicas de la comunidad.

Entrevista a líderes sociales para recoger información, si es necesario.

Tabla 11. Aspectos socioculturales que favorecen o afectan el aprendizaje	
Aspectos que favorecen el aprendizaje	**Aspectos que bloquean o dificultan el aprendizaje**
-Bajos índices de violencia y consumo de drogas en la comunidad. -Los ingresos son suficientes para satisfacer las necesidades básicas. -Hay inclusión en la comunidad. -Se siguen las normas y leyes. -Se apoya la escuela en la comunidad. -Se valora la educación en la comunidad como también a los maestros.	-Altos niveles de violencia y adicción a las drogas. -Los maestros no saben la lengua de algunos alumnos. -Altos niveles de pobreza en la comunidad. -Casi no se valora la escuela, la educación y a los maestros en la comunidad.

Características del desarrollo y del aprendizaje de los alumnos

Son los aspectos relacionados con los alumnos que tienen impacto en el logro de los aprendizajes, y se dividen en dos componentes: desarrollo y procesos de aprendizaje.

Características del desarrollo cognitivo, socioemocional, social y físico de los alumnos

Definición. Se refiere al momento de desarrollo biopsicosocial en el cual se encuentra cada estudiante.

Elementos que comprende:

- Procesos cognitivos respecto al ciclo vital o fase de desarrollo

- Habilidades socioemocionales

- Relaciones sociales de acuerdo con el ciclo vital

- Desarrollo físico y salud

Metodología:

Se sugiere determinar el desarrollo cognitivo, socioemocional, físico y social de los alumnos con base en registros de observación, considerando las características que deben poseer generalmente los alumnos en cada etapa del ciclo vital (ver, por ejemplo, la Tabla 12). Esto se puede complementar con la aplicación de instrumentos sobre habilidades cognitivas y procesos psicológicos.

Aplicación de test y registros del comportamiento. Se pueden aplicar diferentes test y cuestionarios para evaluar los procesos de desarrollo.

Tabla 12. Algunas características del desarrollo de los alumnos			
Ciclo vital	Rango aproximado de edad	Desarrollo de habilidades cognoscitivas esenciales.	Desarrollo de habilidades socioemocionales y sociales
Ciclo vital prenatal	Desde la concepción hasta el nacimiento	Desarrollo del sistema nervioso central.	1. Desarrollo corporal integral. 2. Protección. 3. Estabilidad afectiva y vínculo con la madre y la familia.
Ciclo vital de la infancia	Hasta los 2 años	• Atender a los fenómenos del entorno. • Observar las situaciones. • Percibir y diferenciar los objetos cercanos. • Explorar el entorno cercano y comprender los objetos que le rodean. • Autocontrolar los impulsos.	• Tener protección y afecto de la familia. • Aprender a tener independencia a través de la locomoción motora. • Aprender a comunicarse con las personas cercanas mediante el lenguaje oral. • Aprender a expresar las emociones básicas como alegría, enojo y miedo. • Expresar los intereses. • Tener motivación para realizar las cosas por sí mismo, como la higiene personal.

Ciclo vital de la niñez temprana (preescolar)	3-5 años	• Tener curiosidad por aprender. • Formular preguntas en torno a diversas situaciones y problemas del entorno. • Construir nociones de las situaciones y problemas cercanos para reconocerlos. • Desarrollar habilidades metacognitivas como la reflexión sobre cómo aprender y para corregir errores. • Conocer el entorno cercano y plantear preguntas sobre sí mismo, los demás, los padres, la casa donde vive, la colonia, escuela, etcétera.	• Tener un vínculo de apego sólido con toda la familia. • Actuar en el marco de un rol de género. • Actuar con creatividad en los juegos. • Aprender a hacer amistad con pares a través del juego. • Soñar con alguna ocupación o profesión, desarrollando la capacidad de imaginación y creatividad. • Reconocer algunas normas y seguirlas.
Ciclo vital de la niñez intermedia (Primaria)	6-11 años	• Aprender a expresarse ante los demás. • Comprender la información contenida en mensajes orales y textuales sobre objetos, situaciones y problemas concretos, propios de la experiencia. • Aprender a trabajar con laboriosidad, es decir, realizar las actividades con concentración y terminarlas. • Identificar y comprender los problemas de su entorno, y proponer soluciones sencillas. • Resolver problemas concretos con base en nociones, proposiciones y conceptos, aplicando estrategias pertinentes. • Establecer series, organizar datos y clasificar a partir de situaciones y problemas concretos del entorno. • Dar explicaciones sencillas basadas en situaciones reales del contexto.	• Fortalecer el vínculo de apego con la familia. • Desarrollar un vínculo de amistad estable con los compañeros de estudio. • Ampliar el aprendizaje de normas para vivir en la sociedad. • Expresarse con asertividad: decir las cosas con respeto y amabilidad. • Identificar algunos intereses vocacionales. • Seguir las normas sociales y acordadas.

Ciclo vital de la juventud temprana (secundaria)	11-15 años	• Aprender a construir conceptos sencillos. • Identificar, comprender y analizar problemas de un contexto amplio, como, por ejemplo, del estado en el cual vive. • Analizar problemas para comprenderlos y plantear opciones para resolverlos. • Razonar con base en proporciones. • Razonar con objetos y situaciones abstractas • Argumentar la solución de los problemas con base en conceptos.	• Iniciar amistades basadas a partir del estudio. • Tener un vínculo de afecto, apoyo y respeto con la familia. • Comprender el cuerpo y sus cambios biológicos, psicológicos y sociales. • Conocer la sexualidad y desarrollar medidas para retardar el inicio de las relaciones sexuales. • Desarrollar un estilo de vida saludable. • Reconocer la importancia de las normas, llegar a acuerdos y seguirlas.
Ciclo vital de la juventud intermedia (educación media superior)	16-18 años	• Fortalecer las habilidades formales y abstractas para resolver los problemas de diferentes contextos. • Resolver problemas con procesos lógicos, conceptos, alto grado de abstracción y estrategias pertinentes. • Analizar, argumentar y proponer soluciones a problemas abstractos (no son observables).	• Lograr relaciones de amistad cálidas y estables con los pares en diferentes contextos. • Lograr la identidad como persona: ¿quién soy?, ¿de dónde vengo?, ¿qué voy a hacer en la vida? • Conocer y autorregular la sexualidad. • Tener claridad de una ocupación o profesión por seguir. • Fortalecer un estilo de vida saludable. • Reflexionar sobre las normas y valores, seguir los valores universales por convicción y promover su respeto.

Características del aprendizaje

Dominio de las competencias básicas (lectura, escritura, cálculo y convivencia)

Definición.

Se trata de determinar el desempeño de los alumnos en lectura, redacción, cálculo y convivencia, aspectos que son esenciales para lograr otros aprendizajes.

Elementos que comprende:

- Nivel de comprensión de lectura
- Nivel de redacción
- Nivel de cálculo
- Convivencia

Metodología:

Aplicación de instrumentos como por ejemplo el SisAT. Otra opción es observar el desempeño de los alumnos en estos aspectos y registrarlo, determinado el nivel que corresponda:

- Requiere apoyo
- En desarrollo
- Nivel esperado

Estilos y ritmos de aprendizaje de los alumnos

Definición. Se refiere a las acciones, medios, estrategias o procesos que generalmente siguen los alumnos para aprender.

Elementos que comprende:

Estilos de aprendizaje predominantes en el grupo de acuerdo con una determinada teoría o enfoque pedagógico.

Metodología:

Aplicar un determinado instrumento para evaluar los estilos o estrategias de aprendizaje en los alumnos. Se sugieren dos tipos de instrumentos para evaluar los estilos de aprendizaje, tal como se aprecia en la Tabla 13.

Tabla 13. Instrumentos para evaluar los estilos de aprendizaje			
Instrumento	VAK	VARK	Cuestionario de Estilos de Aprendizaje de Kolb
Autores	Metts (1999)	Fleming y Baume (2006) Adaptación a la educación básica de México por: Luis Gilberto Granados Lara	Alonso, Gallego y Honey (2007)
Nivel para el cual se recomienda	Educación básica Preescolar: test visual	Primaria y secundaria	6to. de primaria y secundaria
Estilos de aprendizaje que evalúa	Visual Auditivo Kinestésico	Visual Auditivo Lecto-escritura Kinestésico	Activo, reflexivo, teórico y pragmático
Localización del instrumento	Instrumento general: https://goo.gl/7p16fS Sugerencia: buscar opciones para preescolar, primaria y secundaria.	https://goo.gl/ou8etk	Anexo 3 de este manual

En el Anexo 2 se presenta el Cuestionario de Estilos de Aprendizaje de Kolb que puede ayudar a determinar los estilos de aprendizaje en los alumnos y, con base en ello, orientar las actividades de aprendizaje y evaluación.

NECESIDADES DE APRENDIZAJE Y NECESIDADES EDUCATIVAS ESPECIALES

Definición.

Se refiere a dificultades, problemas, vacíos o barreras que tienen los alumnos para lograr el aprendizaje y poder vivir con autonomía en el contexto.

Elementos que comprende:

- Necesidades de aprendizaje generales
- Necesidades Educativas Especiales

Metodología:

- Identificar las necesidades de aprendizaje mediante las actividades de clase o test.

- Buscar el apoyo de expertos para evaluar a los alumnos con necesidades educativas especiales.

INTERESES Y USO DEL TIEMPO LIBRE

Definición.

Son las cosas y acciones que motivan a los alumnos.

Elementos que comprende:

Intereses

Hobbies

Metodología:

Hacer una encuesta sobre intereses y usos del tiempo libre. En la Tabla 14 se presenta un ejemplo de encuesta para alumnos.

Tabla 14. Ejemplo de encuesta sobre intereses y uso del tiempo libre	
Escuela: Ciclo escolar: Grado: Grupo: Docente: **Instrucciones:** Con el fin de brindarte un apoyo más personalizado durante el ciclo escolar, por favor responde la siguiente encuesta con sinceridad.	
¿Qué profesión o trabajo te gustaría desempeñar y por qué? (si te gustan varias profesiones o trabajos, puedes indicarlos)	
¿Qué haces en tu tiempo libre en el hogar?	
¿Qué te gusta hacer en los descansos o recreos en la escuela?	
¿Qué programas de televisión te gustan?	
¿Qué tipo de películas te gustan?	
¿Qué juegos te gustan?	
¿Qué deportes te gustan?	
¿Sobre qué temas te gusta leer?	
¿Qué te gusta leer en internet?	
¿Qué información te gusta leer o compartir en las redes sociales, en caso de que las uses?	
¿Cuáles son tus materias preferidas?	
¿Qué alimentos prefieres?	
¿Qué lugares te gusta conocer o visitar?	
¿Te gusta divertirte solo o acompañado?	

EJEMPLO DEL DIAGNÓSTICO DEL GRUPO

En la Tabla 15 se presenta un ejemplo de diagnóstico del grupo. Este ejemplo se hizo mediante una tabla. También puede elaborarse de forma narrativa. Creemos que no hay mayores problemas en torno a una u otra forma de descripción. En el ejemplo se puede observar el énfasis en señalar qué aspectos favorecen u obstaculizan el aprendizaje, dado que esto es un elemento clave para la planeación didáctica y la argumentación de diferentes tareas evaluativas. Además, se indica el instrumento o la técnica empleada en la recolección de la información para darle más formalidad a este proceso, el cual es central en la pedagogía.

Tabla 15. Ejemplo de diagnóstico del grupo	
DIAGNÓSTICO DEL CONTEXTO ESCOLAR, FAMILIAR Y SOCIOCULTURAL	
Información sociodemográfica	Nombre de la escuela: Viva México CCT: 11SAT0112VA Nivel: secundaria Modalidad: secundaria técnica Sostenimiento: público Turno: vespertino Estado: Guanajuato Municipio: Guanajuato Ubicación: Urbana Número de alumnos en la escuela: 365 Número de grupos: 9 Promedio de alumnos por grupo: 40.5 Género de los alumnos: 53% hombres Número de docentes: 19 Género de los docentes: 58% hombres Grupo: 1A Grado escolar: 1 Número de alumnos en el grupo: 42 Género de los alumnos en el grupo: 52% hombres Rango de edad en el grupo: 11-13 años

Componente	Aspectos que facilitan el aprendizaje	Aspectos que dificultan o bloquean el aprendizaje
Contexto escolar	La escuela posee las condiciones básicas para el servicio educativo como electricidad, agua, aulas, sanitarios, dos patios, oficinas para el director, el personal administrativo y los docentes. Se posee aula de sistemas. Con base en la información que se posee en la Ruta de Mejora Escolar, los factores que promueven el aprendizaje son: 1) se tiene acceso a internet; 2) la mayoría de los alumnos (75%) viven cerca de la escuela, a máximo 30 minutos, lo cual facilita la movilidad y disminuye la inasistencia a clase; 3) cada alumno tiene acceso al libro de texto desde el inicio del ciclo escolar; 4) el 95% de los alumnos posee celular; y 5) los maestros tienen compromiso con el proceso de formación.	Los elementos que no favorecen el aprendizaje, a partir del diagnóstico de la Ruta de Mejora Escolar, son: 1) no se tiene salón de usos múltiples; 2) el tamaño del grupo de 1A es grande (42 alumnos) y el aula es mediana; 3) se tienen solamente 4 computadores en funcionamiento, los cuales se encuentran en la oficina de los docentes; 4) las prácticas pedagógicas tienden a ser con base en contenidos, no se abordan problemas del contexto y se aplica poco la evaluación formativa; y 5) la biblioteca escolar es muy limitada y no posee materiales complementarios para abordar problemas de relevancia social como la violencia, la sexualidad, la inclusión, etc.
Contexto familiar	Se aplicó una encuesta a las familias y se determinó que en el grupo 1 A de secundaria prima la familia nuclear en el 68% de los hogares. En un 32% de los casos, la familia es ampliada o compuesta. La mujer es la jefe del hogar en el 34% de los casos. Los factores que promueven el aprendizaje son: 1) el 92% de las madres asiste a las reuniones de la escuela (hace dos años, este porcentaje era solo de 80%); 2) la madre apoya a los hijos en el estudio en un 60% de los casos.	A partir de la encuesta aplicada a las familias, los elementos que no favorecen el aprendizaje son: 1) el padre no está atento a la educación de los hijos en el hogar en el 65% de los casos; y 2) hay problemas familiares en el 26% de las familias como violencia, conflictos, etc.
Contexto socio-cultural	Se hizo una entrevista a un grupo de cinco padres que son líderes sociales y se determinó que la comunidad valora la escuela y es de un nivel socioeconómico bajo. Los aspectos que favorecen el aprendizaje son: 1) se tiene un parque, una iglesia y una cancha de fútbol cerca de la escuela; y 2) se valora la escuela en la comunidad y se apoya cuando tiene necesidades significativas por parte de los líderes sociales.	Con base en la misma entrevista aplicada al grupo de cinco padres, los aspectos que afectan el aprendizaje son: 1) el 71% de las familias tiene bajos ingresos, ya que solo tienen entre uno y dos salarios mínimos legales; 2) se tiene un 18% de familias que ganan menos de un salario mínimo legal; y 3) se tienen altos niveles de violencia en la comunidad, como robos, secuestros y homicidios a partir de grupos armados y bandas.

Diagnóstico del desarrollo integral y de los procesos de aprendizaje	
Características del desarrollo cognitivo, socioe-mocional, social y físico de los alumnos	Los alumnos de mi grupo deberían tener habilidades básicas como analizar y argumentar problemas con elementos formales y abstractos, pero la mayoría de ellos tienen dificultades para hacerlo (85%), ya que todavía están en la fase de operaciones concretas, de acuerdo con el registro de observación de habilidades cognitivas que les apliqué. Además, se les dificulta abordar los problemas desde otras perspectivas o posibilidades. Solamente están en condiciones de abordar problemas muy sencillos (con pocas variables) y desde una sola materia. Al 71% de los alumnos se les dificulta la laboriosidad, esto significa que no se concentran hasta terminar las actividades y lograr las metas. Estas dificultades pueden ser explicadas por las carencias del entorno sociocultural, el cual es de pobreza, como también por la poca participación de los padres en la educación de los hijos.
	Se les aplicó una rúbrica de habilidades socioemocionales en línea a partir del uso del celular, y se determinó que tienen fortalezas en la autoestima, en un nivel medio. Se les dificulta la autonomía, la automotivación y el autoconocimiento, con base en los resultados de la misma rúbrica en línea. Respecto al desarrollo social, a partir del registro del desempeño, se encuentra que un 35% de los alumnos tiene poco interés en interactuar con los demás cara a cara, por exceso del uso de las redes sociales y los videojuegos. Con relación al desarrollo físico, todos tienen el nivel esperado para la edad. Un 35% de los alumnos presenta sobrepeso por patrones inadecuados de alimentación en la familia y alto nivel de sedentarismo por el uso frecuente del celular y el poco interés en las prácticas deportivas.
Dominio de las competencias básicas (lectura, escritura, cálculo y convivencia)	Se evaluó los niveles de comprensión de lectura, redacción y cálculo en los alumnos con base en la plataforma SisAT y el apoyo de instrumentos complementarios basados en las pruebas PISA. -Nivel de comprensión de lectura: El 25% de los alumnos está en el nivel de alerta para el grado. -Nivel de redacción de textos: El 45% de los estudiantes está en el nivel de alerta. -Nivel de cálculo: el 28% está en el nivel de alerta. Respecto a los procesos de convivencia, los alumnos respondieron un cuestionario en línea y el 85% indicó sentirse a gusto con la relación con los demás compañeros. Sólo el 2.3% indicó haber sufrido alguna situación de bullying en el último año.
Estilos y ritmos de aprendizaje de los alumnos	Se aplicó el Cuestionario de Estilos de Aprendizaje de Alonso, Gallego y Honey (2007) (Ver Anexo 2), y se encontró un predominio de dos estilos de aprendizaje en los alumnos: Pragmático (50%) y Activo (30%). Respecto a los otros estilos de aprendizaje, el porcentaje fue: Estilo teórico: 12% Estilo Reflexivo: 8%
Necesidades de aprendizaje y necesidades educativas especiales	No hay alumnos con necesidades educativas especiales en el aula a partir de la observación realizada por la docente y los antecedentes académicos del grado anterior.

Intereses y uso del tiempo libre	Se aplicó un cuestionario de intereses, y se pudo determinar que a la mayoría de los alumnos le interesan los videojuegos (65%) y las redes sociales (85%). A las chicas, les interesa reunirse con las amigas (56%), a los chicos, el futbol (45%). Sólo un 15% expresó interés en estudio, la lectura o la redacción.

TAREA EVALUATIVA 1. PLANEACIÓN DIDÁCTICA

Una vez se sube el diagnóstico a la plataforma de evaluación, se continúa con la tarea evaluativa 1, que consiste en elaborar la planeación didáctica. Luego, siguen las tareas evaluativas 2 y 3. Es importante seguir este orden porque así se debe completar el proceso en la plataforma de la SEP. Se sugiere tener planeadas todas las tareas en un archivo en Word, luego copiar la información de cada tarea y después pegar la información en el espacio correspondiente de la plataforma. Finalmente, se debe revisar y mejorar conforme a las preguntas de andamiaje, si se tienen.

Descripción de la tarea:

De acuerdo con el diagnóstico que presentó del grupo, elabore la planeación didáctica de tres a cinco clases a partir de un aprendizaje esperado.

En la planeación didáctica, incluya los siguientes elementos:

1. Elementos curriculares: enfoque didáctico de la asignatura, competencia, aprendizaje esperado.

2. Actividades de aprendizaje para el desarrollo del contenido y cumplimiento de los aprendizajes esperados, organizadas en momentos: inicio, desarrollo y cierre.

3. Organización de los recursos didácticos, tiempo y espacio disponibles en su contexto.

4. Organización de los alumnos: individual, en pares, equipos o grupal.

5. Estrategia de evaluación del aprendizaje: acciones, técnicas e instrumentos que permiten valorar el nivel de logro del aprendizaje esperado (evaluación diagnóstica, formativa o sumativa).

Nota: esta tarea evaluativa no tiene preguntas de andamiaje.

¿CÓMO PLANEAR EL PROYECTO DE ENSEÑANZA DESDE LA TAREA EVALUATIVA 1?

Se propone que la planeación del proyecto de enseñanza no se enfoque solo en los elementos de las guías académicas y en los referentes de la evaluación, sino que, ante todo, sea un medio para mejorar y transformar las prácticas pedagógicas. En este sentido, la metodología que se propone pretende ayudar a los maestros a fortalecer su rol como mediadores de la formación integral considerando los retos de la sociedad del conocimiento. En este sentido, los ejes esenciales de la planeación didáctica son:

1. Título de la planeación

2. Elementos curriculares

3. Problema, producto y vinculación con otra asignatura

4. Estrategia didáctica: actividades de aprendizaje y evaluación

5. Estrategia de evaluación: acciones, técnicas e instrumento

6. Organización del grupo

7. Recursos

8. Instrumento de evaluación: rúbrica

Formato de planeación

Se pueden emplear múltiples formatos, lo importante es que aborden los ejes esenciales del proceso de formación y se cumpla con los lineamientos de las guías académicas y técnicas. En la Tabla 16 se presenta un formato para planear el proyecto de enseñanza. Las ventajas del formato que se propone son:

1. Integra la evaluación junto a las actividades de aprendizaje (muchos formatos abordan la evaluación al final y eso contribuye a mantener las prácticas pedagógicas tradicionalistas).

2. Orienta al docente frente a las actividades esenciales que es importante considerar en las prácticas pedagógicas orientadas hacia la sociedad del conocimiento, como el análisis de los saberes previos, la automotivación, el énfasis en la evaluación formativa y el trabajo con base en problemas del contexto.

3. Promueve la planeación centrada en el estudiante y no en el docente (muchos formatos de planeación se enfocan en determinar qué debe hacer el maestro, lo cual es incorrecto).

4. Se focaliza en un único producto central, con el fin de que los alumnos se concentren en la elaboración de este paso a paso, y de esta manera logren el aprendizaje esperado. Muchas veces los alumnos solo logran un aprendizaje superficial porque se les piden muchos trabajos sin profundizar en alguno.

5. Integra en las actividades la organización de los estudiantes y los recursos, lo cual es importante para que la formación no sea fragmentada.

6. El formato que se propone es flexible. En función de las circunstancias se pueden unir o subdividir los componentes, o cambiar el orden en el cual se ejecutan.

7. El formato que se propone es para toda la planeación didáctica (tres a cinco clases) y no para cada sesión.

8. Aunque en el formato se deja un espacio para la estrategia evaluativa en cada actividad o momento, no es necesario que cada actividad tenga evaluación explícita mediante un instrumento. Un docente puede implementar varias actividades sin necesidad de evaluación explícita. Sin embargo, en la práctica siempre se está haciendo evaluación para apoyar a los alumnos en el aprendizaje.

Sugerencias generales para la planeación didáctica

1. Se sugiere que la planeación didáctica se haga en el marco de un trabajo colaborativo, donde los profesores se apoyen unos a otros.

2. Es importante que los alumnos contribuyan a mejorar la planeación didáctica para que tengan apropiación del proceso.

3. La planeación se hace al inicio de la formación, pero debe adaptarse a las situaciones imprevistas, buscando el logro de las metas en todos los estudiantes.

4. El tiempo asignado a una planeación didáctica debe poder abordarse con flexibilidad para tener el mayor impacto posible en el aprendizaje de todos los estudiantes.

5. Cuando se tienen varios grupos, se puede hacer una planeación general y luego adaptarse a las características de cada grupo considerando los procesos de inclusión.

6. Se sugiere asignar el tiempo de manera flexible a las actividades, de tal manera que se puedan considerar los diferentes ritmos de trabajo de los alumnos, como sus necesidades de aprendizaje.

Tabla 16. Formato flexible para la planeación didáctica			
ASPECTOS CURRICULARES			
Nivel: Grado: Modalidad: Turno:	Asignatura: Docente:	Periodo académico:	Número de clases: Inicia: Termina:
Enfoque de la asignatura			
Competencia: Aprendizaje esperado:			
Problema: Producto central que deben lograr los estudiantes mediante el abordaje del problema del contexto: Vinculación o interdisciplinariedad con otra asignatura: Aprendizaje esperado o tema:			

ACTIVIDADES Y ORGANIZACIÓN DE LOS ALUMNOS		ESTRATEGIA DE EVALUACIÓN (ACCIÓN, TÉCNICA E INSTRUMENTO)	RECURSOS
I N I C I O	Motivación en torno al aprendizaje esperado y acuerdo del producto central a lograr:		
	Diagnóstico de los saberes previos en los alumnos:		
D E S A R R O L L O	Búsqueda, organización, comprensión y análisis del conocimiento respecto al aprendizaje esperado y el producto central:		
	Aprendizaje de procedimientos y técnicas para lograr el aprendizaje esperado y el producto central con el apoyo en un ejemplo:		
	Elaboración o finalización del producto central mediante una o varias actividades prácticas, considerando el trabajo colaborativo y la evaluación integral:		

C I E R R E	Reflexión sobre el producto central y realización de mejoras concretas en el producto central hasta lograr el nivel satisfactorio, con base en la retroalimentación recibida:		
	Socialización del producto central con los pares, la escuela, la familia y/o la comunidad:		

PASO 1. ELEMENTOS CURRICULARES

Una vez se tiene el diagnóstico, lo que sigue es comenzar a planear los elementos curriculares, los cuales son los componentes del currículo que se van a seguir en el proyecto de enseñanza. Esencialmente, en esta parte se determina:

- Asignatura
- Nivel
- Grado
- Enfoque de la asignatura
- Aprendizaje esperado a lograr en los estudiantes
- Otros elementos curriculares según el currículo que se esté aplicando en el momento, como la competencia y los temas de reflexión si se aplica el Acuerdo 592, o el eje temático y el tema, si se aplican los programas del 2017.

Esto se complementa con los siguientes elementos:

- Título (se establece después de comprender el problema y el producto a lograr)
- Duración (se propone una vez se tenga claridad de las sesiones y el tiempo de las actividades).

Nota: en la Tabla 17 se explican los diferentes componentes de la parte curricular en el marco de la evaluación del desempeño para el ciclo 2018-2019.

Tabla 17. Explicación del formato para planear el proyecto de enseñanza

Elemento	¿Qué es?	¿Cómo se describe o plantea?
Título	Es la denominación, representación o identidad de la planeación didáctica.	Se establece una vez se tenga claridad del problema del contexto a resolver y del producto central que se espera lograr en la planeación didáctica. El título debe generar interés y curiosidad. Se debe evitar títulos demasiado formales, por cuanto una planeación didáctica no es un libro o artículo. Se recomienda que el título no aborde el contenido o tema.
Nivel	Se refiere al nivel en el cual se encuentran los estudiantes: preescolar, primaria o secundaria.	Indicar lo que proceda de acuerdo con el grupo con el cual se trabaja.
Grado	Corresponde a la etapa en la cual se encuentra el alumno dentro del nivel.	
Asignatura	Materia en la cual se propone la planeación didáctica.	
Docente	Responsable de planear y ejecutar el proyecto de enseñanza.	
Periodo académico	Son los momentos en los cuales se divide un grado.	
Número de sesiones	Es el número de clases con dirección del docente que compone el proyecto de enseñanza.	Esto se coloca después de la planeación de las actividades.
Fecha de inicio y cierre	Se coloca la fecha de inicio de la secuencia y la fecha de cierre.	Esto se coloca después de tener las actividades de aprendizaje y evaluación
Elemento	¿Qué es?	¿Cómo se describe o plantea?
Enfoque de la asignatura	Se refiere a los principios pedagógicos y de evaluación que es necesario considerar en la asignatura para trabajar en el logro de los aprendizajes esperados. En general, todas las asignaturas se enfocan en que el aprendizaje sea contextualizado, aborde problemas del contexto, contribuya a la formación integral y considere el ciclo vital de los alumnos. Ya no son pertinentes las prácticas pedagógicas centradas en el aprendizaje de contenidos, la memorización y la evaluación sumativa como única estrategia de evaluación.	En el acuerdo 592 revisar el Apartado VI. Campos de formación para la Educación Básica. Allí se presenta una síntesis de cada asignatura. En los programas del Nuevo Modelo Educativo aparece un apartado en todas las asignaturas denominado "Enfoque Pedagógico". Un ejemplo de los enfoques de las asignaturas tanto en el Acuerdo 592 como en el Nuevo Modelo Educativo puede verse en la Tabla 18. Se recomienda ir a las fuentes originales.

Competencia	En el acuerdo 592 la competencia es un desempeño que articula actitudes, conocimientos y habilidades para afrontar retos.	En el Acuerdo 592 la competencia aparece al inicio de cada bloque. Debe seleccionarse aquella que tenga más relación con el aprendizaje esperado. En el Nuevo Modelo Educativo no se describen de manera explícita las competencias, por lo cual no es necesario considerarlas en la planeación didáctica.
Aprendizaje esperado	Son los aprendizajes concretos que se esperan lograr en los alumnos al finalizar un grado escolar con el fin de contribuir a la formación integral en el marco de los retos del contexto. En el caso de preescolar, es al finalizar todo el nivel. Son una concreción de los aprendizajes clave, y pueden referirse al dominio de una habilidad, un contenido, una actitud o un valor. A través de los aprendizajes esperados se busca formar ciudadanos responsables, críticos y competentes. Los aprendizajes esperados se redactan en la tercera persona del singular con el fin de que los alumnos se asuman como el centro del proceso. Inician con un verbo que requiere uno o varios productos de desempeño para poder evaluarse.	Para seleccionar un aprendizaje esperado para el proyecto de enseñanza, se sugiere: Acuerdo 592: Seleccionar el aprendizaje que corresponde al bloque. Si el bloque tiene varios aprendizajes esperados, seleccionar el aprendizaje esperado en el cual posea mayor nivel de experticia o experiencia el docente. Nuevo Modelo Educativo: Están organizados por ejes temáticos y temas. Es preciso determinar la forma de abordar los aprendizajes esperados en cada grado, porque esto no viene en los nuevos programas. En este sentido, el docente debe determinar la progresión más pertinente con apoyo en el diagnóstico del grupo, la metodología de trabajo y recursos externos como los libros de texto de la educación básica. Se deben lograr mediante diferentes rutas con base en prioridades.

Tabla 18. Ejemplos de los enfoques de algunas asignaturas considerando el Acuerdo 592 y el Nuevo Modelo Educativo de la SEP

Asignatura	Síntesis del enfoque Acuerdo 592 3ro., 4to., 5to. y 6to. de primaria. 2do. y 3ro. de secundaria	Síntesis del enfoque de la asignatura Nuevo Modelo Educativo 2017 (preescolar, 1ro. y 2do. de primaria, y 1ro. de secundaria)
Español	Trabajo por proyectos Prácticas sociales del lenguaje Resolución de problemas Habilidades comunicativas esenciales	Prácticas sociales del lenguaje Diferentes modalidades metodológicas Flexibilidad en la formación Lineamientos de la psicolingüística y la psicología constructivista, como también de la antropología.
Matemáticas	Aprendizaje mediante secuencias didácticas. Énfasis en formular y resolver preguntas, como también la justificación de los procedimientos y resultados. También se aborda el hecho de buscar diferentes formas de resolver los problemas. Se consideran los saberes previos.	Resolución de problemas del contexto, que sean auténticos. Es necesario que los problemas posean sentido para los alumnos, de acuerdo con su ciclo vital. Se debe promover el pensamiento analítico, la colaboración y la articulación con la ciudadanía y la comunicación oral y escrita.
Acuerdo 592: Ciencias Naturales en Primaria, y Ciencias en Secundaria Nuevo modelo educativo: Ciencias Naturales y Tecnología en Primaria, y Ciencias en Secundaria	Formación científica con base en retos, problemas y el trabajo con proyectos. Se promueve la toma de decisiones responsables e informadas en torno a la salud y el ambiente.	Desarrollo cognitivo de los alumnos mediante actividades contextualizadas y retadoras, que posibilite la construcción de habilidades para indagar, cuestionar y argumentar, tanto de manera individual como a través de la colaboración. La metodología es mediante secuencias didácticas y proyectos.
Asignatura	Síntesis del enfoque Acuerdo 592	Síntesis del enfoque de la asignatura Nuevo Modelo Educativo 2017
Inglés	Prácticas sociales del lenguaje Aprendizaje de acuerdo con los estándares internacionales	Prácticas sociales del lenguaje
Historia	Formación basada en el espacio histórico y geográfico. Promueve la búsqueda de respuestas a las interrogantes del mundo actual a partir del pasado.	Promueve la comprensión de los problemas de la sociedad actual mediante el estudio del pasado y los retos del futuro.

Formación Cívica y Ética	Formación basada en el desarrollo de la identidad personal y las competencias socioemocionales. Se promueve los derechos humanos y la cultura democrática.	Se promueve la formación ética basada en el análisis y la toma de decisiones, para promover el desarrollo de la persona y contribuir a la vida democrática, la cultura ciudadana y la convivencia. Se busca el abordaje de situaciones de la vida y problemas sociales mediante el análisis crítico. Se busca el abordaje transversal de los contenidos con otras asignaturas. Por ejemplo, pueden abordarse temas transversales como la educación ambiental, los derechos humanos, la educación para la salud, cultura de la prevención, etc.
Asignatura	Síntesis del enfoque Acuerdo 592	Síntesis del enfoque de la asignatura Nuevo Modelo Educativo 2017
Enfoque de la asignatura	Formación con énfasis en la corporeidad y la colaboración con otros a través de actividades motrices, el respeto a las normas y el cuidado de la salud.	Conocimiento del cuerpo y de sí mismo, mediante el desarrollo y fortalecimiento motriz, como también de la lúdica, la recreación y el deporte, buscando el desarrollo de estilos de vida saludables. Se promueve la formación motriz mediante el juego y la recreación en entornos colaborativos. Se promueve la planeación didáctica flexible y la evaluación formativa.
Acuerdo 592: Educación Artística en Primaria, y Artes en Secundaria Nuevo Modelo Educativo 2017: Artes (Primaria)	Formación centrada en el pensamiento artístico	Se busca la formación integral de las personas mediante procesos creativos a través del arte. No se pretende formar artistas, sino promover la libertad de expresión en el marco de la ética. Se busca que a través de la expresión artística los alumnos fortalezcan las emociones positivas, desarrollen la curiosidad y mejoren su comunicación e interacción con otros.
Geografía	Abordaje del espacio geográfico mediante proyectos didácticos, articulando los aspectos naturales, sociales, culturales, económicos y políticos. Se valora la diversidad cultural, el cuidado del ambiente y la prevención de desastres.	Construcción de la comprensión del espacio geográfico en el cual viven las personas, integrando lo social con el ambiente. Se fomenta el trabajo con problemas reales que ayuden a desarrollar la creatividad. Busca comprender lo que pasa en el mundo y contribuir a solucionar los problemas como la migración, la desigualdad, los desastres naturales, los problemas ambientales, los conflictos territoriales, etc.

PASO 2. PROBLEMA, PRODUCTO CENTRAL DE DESEMPEÑO Y VINCU-LACIÓN

En la evaluación del desempeño, la planeación del proyecto de enseñanza es una etapa central y constituye uno de los procesos más enriquecedores y relevantes de la práctica docente. Se compone de una planeación didáctica para un número pequeño de clases (3-5), con base en el diagnóstico del grupo, considerando el contexto escolar, familiar y sociocultural, el desarrollo biopsicosocial (cognitivo, social y físico) y los procesos de aprendizaje (saberes previos, estilos de aprendizaje, intereses y necesidades educativas especiales). Esto se propone con un enfoque centrado en la resolución de problemas para todas las asignaturas y los diferentes niveles educativos (preescolar, primaria y secundaria), mediante la colaboración, el desarrollo de la creatividad y la aplicación de la evaluación formativa centrada en lograr las metas establecidas con los estudiantes.

La revisión de los enfoques pedagógicos de las diferentes asignaturas muestra que el Acuerdo 592 enfatiza en el aprendizaje significativo y situado, mientras que el Nuevo Modelo Educativo presenta un avance hacia la resolución de problemas, el abordaje de situaciones retadoras del contexto y el desarrollo del pensamiento crítico y la creatividad. Esto puede verse en Español a partir de las prácticas sociales del lenguaje, como también en Matemáticas, Ciencias, y Formación Cívica y Ética, entre otras. Además, se promueve cada vez más la transversalidad como elemento esencial en la formación de los alumnos, dado que los problemas tienden a ser cada vez más interdisciplinarios. De allí, entonces, resulta esencial que el proyecto de enseñanza se base en un problema del contexto que posibilite lograr y evaluar el aprendizaje esperado por medio de un producto central (tangible o intangible) considerando la relación con otras asignaturas. A continuación, se presenta una opción de formato para elaborar esta parte y luego se explica cada uno de los tres componentes propuestos, que son parte de una misma unidad (Tabla 19).

Tabla 19. Formato para planear el problema, el producto y la vinculación	
Problema del contexto:	

Producto central que deben lograr los estudiantes:	
Vinculación con otras asignaturas	
Asignatura 1.	Aprendizaje esperado o tema:
Asignatura 2.	Aprendizaje esperado o tema:

Problema del contexto

Un problema del contexto consiste en resolver una necesidad en un entorno con sentido para los estudiantes, y debe ser potencialmente significativa de acuerdo con el ciclo vital y entorno local, nacional e internacional, buscando superar, mejorar, crear o innovar la situación dada respecto a la situación esperada o ideal. Se debe basar en el estudio del contexto externo e interno, como también tener en cuenta el diagnóstico del grupo y los aprendizajes esperados.

Ejemplos de problemas del contexto:

1. Prácticas inadecuadas de alimentación en el hogar de acuerdo con el plato del buen comer y la jarra del buen beber, lo cual está generando sobre proceso en el 55% de las familias de los alumnos. Un 40% de alumnos tiene problemas de sobrepesos por la alimentación poco saludable.

2. Alto número de accidentes de tránsito en la comunidad por falta de seguimiento de las normas de tránsito, poca señalización en las vías e imprudencia de los peatones.

3. Aumento de los embarazos no planeados en los alumnos de secundaria del colegio respecto al ciclo escolar anterior.

4. Reporte en el aumento de enfermedades de transmisión sexual en el último año en estudiantes de secundaria y preparatoria por parte de los servicios de salud del estado.

5. Contaminación del rio que pasa por la colonia debido al depósito de basuras por parte de los ciudadanos.

Tabla 20. Componentes de un problema del contexto

Elemento	Descripción	Ejemplo
Necesidad	Aspecto que debe estudiarse, satisfacerse, corregirse, mejorarse o innovarse. Puede ser: -Vacío -Falta -Bloqueo -Dificultad -Conflicto -Reto de mejorar algo -Reto de innovar	Contaminación de un río por basuras depositadas por la comunidad y vendedores informales de alimentos.
Propósito	Lo que se va a realizar para superar la necesidad. Se puede describir como: -Meta -Pregunta -Hipótesis	Generar consciencia en la comunidad y los vendedores que trabajan junto al río sobre las consecuencias negativas de las basuras, buscando que implementen acciones para un manejo sustentable de estas.
Contexto	Es el entorno en el cual se presenta la necesidad. Generalmente, debe trascender o ser diferente al área de los contenidos.	Contaminación de un río de la comunidad. Esto es diferente a los contenidos de ciencias naturales sobre ecosistema, agua y ambiente.
Potencialmente significativo	El problema debe ser potencialmente significativo para los estudiantes. Es decir, aunque al inicio es posible que no lo sea, sí debe llegar a serlo a partir de las mismas actividades del proyecto. Para que el problema sea potencialmente significativo debe articularse con el ciclo vital de los estudiantes y su proyecto ético de vida. Además, debe articular algunos de sus intereses durante el proceso de abordaje, como, por ejemplo, las tecnologías de la información y la comunicación.	El ambiente es un tema potencialmente significativo para la mayoría de estudiantes cuando se aborda mediante actividades de sensibilización con apoyo en videos, salidas pedagógicas, etc.

6. Alto número de conflictos entre las familias de la escuela por la falta de límites de sus terrenos y la ausencia de medición de estos.

7. Falta de cultura política al momento de elegir a los gobernantes, lo cual lleva a que muchos voten por dinero o despensas de alimentos.

Tabla 21. LISTA DE COTEJO PARA EVALUAR EL PROBLEMA

Indicadores	Se presenta	No se presenta	Sugerencias
1. El problema es potencialmente significativo para los estudiantes de acuerdo con su entorno, los retos del futuro y el proyecto ético de vida			
2. La necesidad es pertinente y permite abordar las metas de aprendizaje. Trasciende los temas de la asignatura.			
3. La necesidad se identificó a partir del estudio del contexto			
4. El contexto es un entorno con sentido y es diferente a los contenidos.			

Nota: no existe una forma única de redacción de un problema. Se puede hacer de manera descriptiva o en forma de pregunta, con pocos o muchos detalles de la necesidad.

Metodología para redactar el problema del contexto

Se sugiere redactar de manera sencilla el problema del contexto, considerando el diagnóstico del grupo y del entorno socioeconómico y familiar y escolar.

Producto y vinculación

Los productos son cosas, procesos u objetos generados a partir del trabajo en un problema del contexto. Además, dan cuenta del desempeño y permiten valorar el logro de las metas de aprendizaje con base en un determinado instrumento de evaluación. Algunos ejemplos de productos son: informes, ensayos, videos, audios, registros de observación, mapas, exposiciones, prácticas deportivas, etc. En las planeaciones cortas, de tres a cinco sesiones, se recomienda, en general, tener un único producto. Los productos pueden ser tangibles (informes escritos, ensayos, videos, audios, etc.) o intangibles (exposiciones orales, sociodramas, debates, etc.).

Respecto a la vinculación, también denominada interdisciplinariedad, interdisciplina o transversalidad, se trata de establecer relaciones con otras asignaturas para promover el logro de un producto integrador, que posibilite alcanzar y evaluar los aprendizajes esperados de las materias que se articulen. Esto debe abordarse mediante actividades concretas en la planeación didáctica. Cuando las materias son mediadas por distintos docentes, es preciso el trabajo colaborativo entre todos con el fin de que se pueda dar la complementariedad en el proceso y todos los maestros involucrados contribuyan al logro de las metas de formación. Al inicio, la vinculación puede ser con una o dos asignaturas, y a medida que haya más formación sobre este proceso o mayor comunicación entre los profesores, avanzar hacia otras asignaturas.

Tabla 22. LISTA DE COTEJO PARA EVALUAR EL PRODUCTO Y LA VINCULACIÓN			
Indicadores	**Se presenta**	**No se presenta**	**Sugerencias**
1. El producto es pertinente y posibilita evaluar las metas. Se relaciona con la necesidad o necesidades. Trasciende el contenido y las metas curriculares.			
2. El producto es pertinente en contexto y considera los intereses de los alumnos.			
3. Se establece la relación con al menos otra asignatura.			
4. La relación con otra u otras asignaturas se hace teniendo como base el problema.			
5. La relación con otra u otras asignaturas tiene en cuenta los aprendizajes esperados, los desempeños o los ejes temáticos.			

PASO 3. ACTIVIDADES

Explicación del proceso

Una vez se tiene el problema del contexto, el producto y la vinculación, se procede a determinar el conjunto articulado de actividades de aprendizaje, enseñanza y evaluación que se esperan realizar con los estudiantes, considerando el problema y buscando el logro de unas determinadas metas curriculares, tomando como base el estudio del contexto interno y externo, como también el análisis de las características del grupo donde se va a aplicar, a partir de una o varias estrategias de formación.

Aunque existen muchas metodologías para planear las actividades, desde la socioformación se proponen las siguientes acciones mínimas para asegurar la pertinencia y el impacto en la formación de los estudiantes. No se trata de hacer muchas actividades, sino las actividades necesarias y articuladas en torno a un problema que permitan el logro de uno o varios aprendizajes esperados correspondientes a un tema o área. La duración de las actividades puede ser de una, dos o más sesiones.

Se recomienda que el proyecto de enseñanza se enfoque ante todo en un producto integrador, el cual puede hacerse mediante entregas parciales. De esta manera, el producto integrador puede abordarse desde el inicio hasta el final para que los estudiantes puedan profundizar y realicen un mejoramiento continuo hasta lograr un resultado con sentido en el contexto. Muchas veces los estudiantes no pueden profundizar o mejorar porque son demasiadas evidencias y no les queda suficiente tiempo. Esto también es importante para los docentes, con el fin de poder dedicarse a todos los estudiantes y apoyar a aquellos que tienen dificultades.

Las actividades de aprendizaje son las acciones concretas que se realizan con los estudiantes para abordar el problema del contexto y lograr las metas de formación establecidas en el currículo, tanto de la asignatura de base como de las asignaturas articuladas o vinculadas, considerando el contexto externo e interno, como también el diagnóstico del grupo. Se organizan, generalmente, en tres fases: apertura, desarrollo y cierre. Todas las actividades están articuladas entre sí y se enfocan a un mismo producto o productos, con una o varias estrategias didácticas. En muchas ocasiones es importante centrarse en una única estrategia didáctica para darle uniformidad, consistencia e impacto al proceso.

Apertura
Sensibilización y acuerdo del plan de trabajo

- **Visión compartida**
- **Saberes previos**

Desarrollo
Abordaje del problema con los saberes necesarios

- **Gestión del conocimiento**
- **Metodología**
- **Aplicación**

Cierre
Mejoramiento de los productos y socialización

- **Metacognición**
- **Socialización**

Figura 3. Momentos de la planeación didáctica en un proyecto de enseñanza

Tipos de actividades de aprendizaje

A continuación, se presentan ejemplos de los diferentes tipos de actividades de aprendizaje y evaluación, que pueden ser considerados en la planeación didáctica. Se sugiere que las actividades se articulen, en lo posible, a una única estrategia didáctica principal, como el análisis de casos, aprendizaje basado en problemas, proyectos formativos, sociodramas, etc. También es necesario que solo se aborde una evidencia, para que existan diversas oportunidades de mejoramiento hasta lograr la excelencia.

1. Visión compartida

Consiste en lograr que los alumnos se motiven en torno al logro del aprendizaje esperado mediante el trabajo en un producto significativo a partir de un problema del contexto. Para ello, es esencial que comprendan el aprendizaje que se busca y que desarrollen sensibilidad frente al problema, considerando su ciclo vital. Para alcanzarlo, se puede trabajar sobre un mismo problema o abordar diferentes problemas que posibiliten el logro de la meta esperada en la formación.

Actividades sugeridas para generar compromiso y motivación en torno al aprendizaje:

- Observar un video en torno al problema del contexto que lleve a los alumnos a sensibilizarse y motivarse en su resolución.
- Leer una historia en torno al problema que se pretende resolver y elaborar una reflexión personal en relación a este.
- Realizar una dinámica o juego que motive al logro del aprendizaje esperado.
- Realizar un juego para lograr la integración del grupo y potenciar la participación.
- Acordar con los estudiantes el problema por resolver y el producto por lograr, considerando sus intereses.
- Lograr la comprensión del aprendizaje esperado con base en ejercicios de lectura crítica y búsqueda de ejemplos.
- Acordar el trabajo colaborativo que se va a implementar en el proceso y la gestión de este con el apoyo de los alumnos.
- Acordar las normas que se van a seguir y los mecanismos de regulación para asegurar el cumplimiento de estas con la participación de los mismos estudiantes.
- Analizar en equipo el grado de comprensión del problema y de la meta o metas a lograr en la secuencia didáctica, tomando como base el plan de trabajo.

2. Análisis de saberes previos

Consiste en un conjunto de acciones orientadas a que los alumnos identifiquen y compartan sus saberes previos frente al aprendizaje esperado, problema y/o producto, con el fin de generar motivación, sentido de reto y apertura por los nuevos conocimientos. Los saberes previos pueden ser: conocimientos, habilidades, actitudes, valores, opiniones o percepciones. Para activarlos, detectarlos y conectarlos con los nuevos conocimientos se sugieren actividades variadas, no solo la formulación de preguntas a los alumnos, como el análisis de casos, los sociodramas, el cine-foro, la lectura de una historia, etc.

Actividades sugeridas para activar los saberes precios:

- Analizar por escrito un caso sobre el problema de la planeación didáctica para identificar los saberes previos.
- Elaborar en equipo un mapa conceptual sobre el aprendizaje esperado para tomar consciencia de los conocimientos previos.
- Elaborar un mapa mental sobre el problema para identificar los saberes previos respecto a este.
- Responder preguntas abiertas del docente para tomar consciencia de los conocimientos previos.
- Plantear preguntas para identificar las actitudes, conocimientos y habilidades frente al problema abordado en la planeación didáctica.
- Realizar un sociodrama en equipo para tomar consciencia de las preconcepciones respecto al problema.
- Autoevaluar los saberes previos a partir del análisis de un caso relacionado con el problema.

3. Gestión y co-creación del conocimiento

Se trata de que los alumnos se apropien de las actitudes, conocimientos y habilidades esenciales para identificar, comprender y explicar el problema de la planeación didáctica, como también el producto central. Para ello, se sugieren actividades en las cuales los alumnos busquen, lean, sistematicen, analicen, comprendan, critiquen, crean y apliquen el conocimiento en la resolución del problema propuesto. Es importante integrar alguna actividad de evaluación en este proceso.

Actividades sugeridas para orientar la gestión del conocimiento:

- Buscar información en diferentes fuentes para interpretar y argumentar el problema.
- Buscar y sistematizar en equipo la información necesaria para abordar el problema en fuentes pertinentes y rigurosas como artículos y libros.
- Leer un determinado documento o apartado del libro de texto y elaborar un mapa conceptual para comprender los conceptos esenciales de la planeación didáctica y abordar el problema establecido.
- Leer un apartado del libro de texto, extraer las ideas centrales y comprender los conceptos básicos de la secuencia didáctica. Emplear la información para interpretar, argumentar y plantear posibles soluciones al problema.
- Exponer los conceptos esenciales de la planeación didáctica y aplicarlos en el problema abordado.

- Exponer de manera oral la interpretación, argumentación y posibles soluciones al problema de la secuencia didáctica tomando como base artículos, libros o fuentes pertinentes.
- Realizar por escrito una cartografía conceptual en torno al concepto, teoría o metodología esencial de la secuencia didáctica, considerando el problema de base.
- Analizar un video, hacer una síntesis y elaborar un texto en el cual se comprenda y explique el problema.
- Buscar uno o varios videos, hacer una síntesis escrita de ellos y presentar un texto en el cual se realice una interpretación y argumentación del problema, planteando posibles soluciones.
- Elaborar un video en el cual se presente una interpretación y argumentación del problema, junto con posibles soluciones, tomando como base fuentes rigurosas, tales como artículos y libros.
- Autoevaluar el proceso de interpretación, argumentación y establecimiento de soluciones al problema mediante un instrumento de evaluación, determinar logros y hacer mejoras en el producto establecido con apoyo de los compañeros y del facilitador (texto, mapa, exposición oral o video).

4. Metodología y ejemplo

Este proceso se refiere a comprender los procedimientos y técnicas para analizar, argumentar y contribuir a resolver el problema propuesto establecido y lograr el producto central esperado de la planeación didáctica. Para ello, es esencial que los alumnos revisen y comprendan un ejemplo real o simulado en el cual se apliquen los procedimientos y técnicas propuestos, u otros similares. Esto puede hacerse mediante la lectura crítica de un documento, la observación de un video, el análisis de una infografía, la explicación del docente, etc. Es importante agregar actividades de evaluación en este proceso para lograr la mejora continua.

Actividades sugeridas para abordar la metodología y el ejemplo:

- Leer un documento sobre la metodología propuesta para resolver el problema y realizar una síntesis crítica escrita.
- Buscar en equipo información en fuentes pertinentes y rigurosas en torno a la metodología para abordar el problema, sistematizarla, analizarla y elaborar un texto escrito que explique dicha metodología con el apoyo en un ejemplo real o simulado.
- Elaborar un mapa mental en el cual se explique la metodología para abordar el problema con un ejemplo teniendo en cuenta el libro de texto y fuentes complementarias como artículos y otros documentos.

- Buscar un video explicativo de la metodología para abordar el problema con base en un ejemplo y presentar una síntesis escrita de este.
- Buscar en equipo un ejemplo pertinente del producto central de la planeación didáctica en artículos, libros o videos, y elaborar un mapa mental argumentado de dicho ejemplo.
- Elaborar un ensayo en equipo sobre la metodología para realizar el producto central de la planeación didáctica, articulando información del libro de texto y de otros materiales.
- Analizar una experiencia concreta sobre el abordaje del problema en un contexto similar a través de diferentes fuentes (artículos, libros, videos, blogs, etc.) y presentar un análisis crítico escrito.
- Realizar un diagnóstico del problema en el entorno mediante el trabajo en equipo con distribución de roles y la aplicación de un instrumento pertinente (cuestionario, entrevista, encuesta, etc.). Presentar el respectivo informe por escrito y en video.
- Autoevaluar y mejorar un ejemplo sobre el producto central de la planeación didáctica con base en una rúbrica o lista de cotejo.
- Realizar un sociodrama que muestre los pasos de la metodología para lograr el producto central de la planeación didáctica, a través de la resolución de un problema.

5. Aplicación colaborativa real o simulada

Consiste en trabajar en el producto central de la planeación didáctica abordando el problema del contexto identificado, mediante el apoyo de los pares. Se aplican los procedimientos y técnicas analizados y comprendidos en la fase anterior, en un contexto real o simulado, mediante el trabajo individual, en binas, equipos o todo el grupo. El trabajo colaborativo propende porque los alumnos se apoyen entre sí para lograr el producto esperado. Cuando la organización del grupo es individual, el trabajo colaborativo se da a través de estrategias como la coevaluación, la tutoría entre pares o el apoyo entre compañeros para lograr las metas. Es necesario integrar actividades de evaluación en este proceso con el apoyo de un instrumento que facilite el mejoramiento continuo.

Actividades sugeridas para abordar la aplicación colaborativa:

- Planear la elaboración del producto central de la planeación didáctica mediante un mapa mental, considerando los saberes abordados en actividades previas.
- Elaborar el producto central de la planeación didáctica mediante el trabajo individual, autoevaluarlo mediante una rúbrica y mejorarlo. Someterlo a la coevaluación de un compañero e implementar las mejoras sugeridas.
- Planear en equipo la resolución del problema propuesto en la planeación didáctica

mediante un video o audio. Considerar diferentes opciones de solución, y analizar cada opción con la descripción de sus ventajas y desventajas. Seleccionar la mejor estrategia y explicarla.

- Realizar un análisis de caso de manera individual en torno al problema propuesto en la planeación didáctica, autoevaluarlo mediante una rúbrica y mejorarlo con el apoyo de la coevaluación de un compañero.
- Realizar un sociodrama que muestre la solución del problema identificado para la planeación didáctica tomando en cuenta las características del contexto en el cual se presenta y elaborar un video con la presentación de la experiencia. Autoevaluar el sociodrama en equipo y pedir coevaluación a otro equipo siguiendo una rúbrica.
- Abordar el problema en el contexto real mediante el trabajo colaborativo y realizar un informe escrito de la experiencia, agregando la autoevaluación mediante una rúbrica.
- Autoevaluar el proceso de trabajo colaborativo en la elaboración del producto central con el apoyo de una rúbrica e implementar las mejoras necesarias.

6. Metacognición

Consiste en mejorar el producto central de la planeación didáctica a partir de la heteroevaluación del docente, aplicando un determinado instrumento de evaluación. El producto se debe mejorar hasta lograr al menos el nivel aceptable o satisfactorio en todos los indicadores del instrumento. Esto significa que deben darse varias oportunidades para que los alumnos mejoren el trabajo y puedan lograr el aprendizaje esperado.

Actividades sugeridas para abordar la metacognición:

- Mejorar el producto central de la planeación didáctica a partir de la heteroevaluación del docente con el apoyo de una rúbrica, considerando los procesos de autoevaluación y coevaluación implementados. Volver a presentar el producto al maestro y recibir la nueva retroalimentación. Mejorar de nuevo el producto si es necesario.
- Solicitar el apoyo de un compañero para mejorar el producto central de la planeación didáctica y volver a presentarlo al docente hasta lograr el nivel satisfactorio en los diferentes indicadores, o en los indicadores esenciales.
- Mejorar de manera individual el producto central de la planeación didáctica elaborado en equipo, autoevaluarlo y presentarlo de nuevo al docente para recibir una nueva retroalimentación, hasta lograr los niveles mínimos esperados.

7. Socialización

En esta fase se comparte el producto central y la experiencia en el abordaje del problema identificado para la planeación didáctica con los pares, la familia y/o la comunidad, a través de exposiciones orales, infografías, redes sociales, videos, audios, etc. Con ello se busca que el alumno reflexione sobre lo que hizo, los aprendizajes que alcanzó y que identifique los aspectos en los cuales debe seguir mejorando. Además, se pretende sensibilizar a otras personas frente a la importancia de abordar el problema y actuar para transformar el contexto.

Actividades sugeridas para abordar la socialización:

- Presentar el producto central de la planeación didáctica mediante un video, indicando el proceso de elaboración, los logros y aspectos que deben seguir mejorando.
- Realizar una entrevista a otro compañero o equipo para determinar el producto que se elaboró, los aprendizajes logrados, las dificultades y los aspectos en los cuales se debe seguir profundizando.
- Elaborar una entrada de blog, presentar el producto y describir el proceso de elaboración.
- Elaborar un video en el cual se presente el producto central elaborado y el proceso llevado a cabo. Compartir el video en las redes sociales.
- Integrar el producto central de la planeación didáctica en el portafolio del curso, y compartirlo con los pares, la familia y/o comunidad.

Taxonomía socioformativa para planear las actividades

En la planeación de las actividades de aprendizaje y evaluación se sugiere tener alguna taxonomía de referencia que oriente en torno al grado de profundidad de las acciones que se pretenden desarrollar con los estudiantes, buscando que se consideren los diferentes niveles de dominio. En este sentido, se propone la taxonomía socioformativa que busca la implementación de actividades que logren que los alumnos lleguen como mínimo al nivel Resolutivo, y desde allí puedan avanzar en función de sus saberes previos, dedicación, motivación, recursos, apoyo, estilos de aprendizaje e inteligencias múltiples, a niveles superiores como el Autónomo y, finalmente, el Estratégico.

En la Tabla 23 se describen algunas acciones que pueden integrarse en las actividades de la planeación didáctica para lograr cada nivel.

Tabla 23. Ejemplos de actividades para apoyar el logro de los niveles más altos de la taxonomía socioformativa		
Nivel	**Acciones típicas**	**Sugerencias de actividades**
Preformal	Aborda Acata Atiende Codifica Enumera Enuncia Explora Lee (sin comprensión) Memoriza Nombra Observa Reacciona Repite Rotula Señala Sigue	-Atender a las instrucciones antes de realizar un procedimiento. -Enumerar los pasos a llevar a cabo en la elaboración de un informe. -Observar la exposición de un compañero para tener confianza en la actividad. -Expresar lo que siente o piensa respecto a un tema, sin análisis. -Rotular una tarea, actividad o producto elaborado.
Receptivo	Busca Cita Define Denomina Describe Determina Identifica Indaga Manipula Opera Organiza Recepciona Reconoce Recupera Registra Relata Reproduce Resume Se concentra Selecciona Subraya Tolera	-Buscar información sobre un tema en el libro de texto o en internet. -Definir un concepto a partir de la búsqueda de la información en diferentes fuentes. -Identificar los pasos para resolver un problema del contexto con los saberes esenciales respecto al aprendizaje esperado. -Operar una técnica para realizar una tarea o actividad. -Organiza la información recolectada en torno a un tema o aprendizaje esperado. -Relatar las ideas de un texto a partir de la lectura o mediante la escucha a un compañero o al docente.

Resolutivo	Aplica Caracteriza Categoriza Compara Comprende Comprueba Conceptualiza Controla Cumple Diagnostica Diferencia Ejecuta Elabora Emplea Implementa Interpreta Labora Motiva Planifica Procesa Resuelve Sistematiza Subdivide Verifica	-Aplicar una técnica en la resolución de un problema sencillo, acorde con el aprendizaje esperado. -Comprender el proceso para resolver un problema sencillo. -Comprender los conceptos básicos y aplicarlos en la comprensión de un problema del contexto. -Sistematizar el abordaje de un problema a través de la presentación de un informe oral ante todo el grupo.
Autónomo	Analiza Aporta Argumenta Autoevalúa Autogestiona Autorregula Coevalúa Comenta Contextualiza Critica Ejemplifica Evalúa Explica Formula Hipotetiza Infiere Integra Mejora Metaevalúa Monitorea Planea metas	-Analizar un problema del contexto con apoyo en conceptos esenciales y fuentes bibliográficas rigurosas. -Argumentar la resolución de un problema del contexto con los conceptos esenciales relacionados con el aprendizaje esperado. -Resolver un problema del contexto con criterio propio, argumentación e independencia, teniendo en cuenta fuentes rigurosas y recientes, de los últimos tres años. -Mejorar un producto o servicio a partir de la evaluación continua, con apoyo en un instrumento concreto.

	Reflexiona Regula Relaciona Retroalimenta Teoriza Valora	
Estratégico	Adapta Asesora Ayuda Co-crea Compone Crea Empodera Genera Innova Intervalora Juzga Lidera Personaliza Predice Propone Proyecta Reconstruye Recrea Sinergia Transfiere Transforma Transversaliza Tutoriza Vincula	-Generar estrategias para resolver los problemas con impacto en el contexto. -Ejecutar acciones creativas en la resolución de los problemas. -Empoderar a otros para la resolución de un problema del contexto. -Resolver un problema del contexto articulando saberes de varias áreas, asignaturas o disciplinas. -Transformar una situación negativa en positiva en el entorno para mejorar las condiciones de vida o el desarrollo social sostenible.

PASO 4. RECURSOS PARA EL APRENDIZAJE

Los recursos para el aprendizaje son los materiales, bibliografía, equipos, espacios y tiempo para realizar las actividades propuestas en la planeación didáctica, tanto respecto al aprendizaje como en torno a la evaluación. Para ello se debe considerar el diagnóstico del grupo y articular la formación con la evaluación desde el inicio. En la Tabla 24 se brinda una clasificación de los diferentes recursos que pueden emplearse para el aprendizaje.

Los recursos se articulan en las actividades de aprendizaje y evaluación, indicándose su uso. Luego, se brinda más información de ellos para ubicarlos o gestionarlos si no se poseen. A veces, es necesario crearlos.

Aspectos por considerar:

1. Es importante capacitar a los alumnos en torno al uso de los diferentes recursos. Un ejemplo de ello es el libro de texto que requiere comprender cómo se organizan sus sesiones o secuencias didácticas.
2. Establecer actividades para brindarle cuidado y mantenimiento a los recursos que se poseen.
3. Gestionar los recursos que no se poseen a través del Consejo Técnico Escolar, el Consejo Escolar de Participación Social, el SATE, las autoridades educativas del estado, etc.
4. Elaborar o crear los recursos necesarios para el aprendizaje.

Estas cuatro actividades se pueden integrar dentro de la misma planeación didáctica como parte de las actividades de aprendizaje y evaluación.

Tabla 24. Ejemplos de recursos para el aprendizaje que se pueden gestionar y usar en un proyecto de enseñanza	
Tipo de recurso	**Ejemplos**
Bibliografía	Libro de texto de la asignatura Libros académicos Artículos Ensayos Manuales Ponencias Videos Audios Cuentos Novelas
Información de diferentes fuentes	Sitio web Blog Bases de datos académicas Bases de datos del gobierno Bases de datos de organizaciones sociales

Espacios físicos	Auditorio Salón de usos múltiples Sala de sistemas Aula Oficinas administrativas Sanitarios Patio Espacios para el deporte Espacios al aire libre Biblioteca escolar Biblioteca del aula Rincones para el aprendizaje
Espacios virtuales	Sitio web de la escuela Plataforma de e-learning Aplicaciones para redes sociales Aplicación para teleconferencias
Equipos	Computador Proyector Computador portátil Televisor Reproductor de video Equipo de audio Servidor Pizarrón digital
Mobiliario	Pizarrón Sillas Mesas Estantes para los libros Escritorios Archivador
Materiales	Libro de apuntes Carpetas Hojas de papel Libretas Fotocopias Hojas de registro Instrumentos Bolígrafos Software CD Memorias USB

Comunicaciones	Internet
	Celular
	Teléfono
	Emisora de la escuela

Manejo del tiempo

Este es un recurso especial que se debe abordar para garantizar que se puedan trabajar los diferentes aprendizajes esperados durante el grado. Se determina al final de la planeación de las actividades de acuerdo con los aprendizajes esperados que se estiman lograr, el currículo de todo el grado escolar, el tipo de actividades propuestas, el grado de reto en el producto a lograr y el diagnóstico de los alumnos, entre otros aspectos. Hay diferentes maneras de establecer el tiempo. A continuación, se brindan algunas sugerencias.

Sesiones: número de clases. Cada clase tiene una determinada duración de acuerdo con las normas educativas para el nivel.

Duración en meses, semanas, días, horas o minutos. Esto depende de las actividades propuestas. Generalmente se hace en horas o minutos. Se recomienda seguir una misma unidad de medida en todas las actividades. Por ejemplo, si en una actividad se establece que la duración es 1.5 horas, en otra actividad no podría decirse que la duración es de 30 minutos, sino de 0.5 horas.

Duración en clases. Consiste en determinar la duración de las actividades. Ejemplos: una o más clases; o 0.5, 1.5 o 3 clases, etc.

Fecha puntual. A veces, es necesario indicar la fecha puntual de una actividad, para que los alumnos la tengan en cuenta, como, por ejemplo, la asistencia de una persona de la comunidad al aula, una salida de campo, la asistencia a un evento en la escuela, etc.

Fecha de inicio y finalización. Se indica la fecha en la cual inicia la actividad y la fecha en la cual termina. Esto aplica cuando una actividad se debe realizar en varias semanas o días de manera continua.

Sugerencias para el manejo del tiempo en la planeación didáctica:

1. Reducir el tiempo de las actividades administrativas y de organización de los alumnos para dedicárselo a las actividades de aprendizaje mediante acciones colaborativas

con los mismos estudiantes y otros docentes. También se pueden implementar acciones a través del Consejo Técnico Escolar. Por ejemplo, la asistencia podría ser revisada por un alumno, lo mismo que la organización de las sillas de acuerdo con la actividad.

2. En la planeación didáctica, lo más importante es determinar el número de sesiones que se van a dedicar, lo cual puede variar durante la implementación. Asignar tiempo a cada actividad en la planeación debe ser una decisión de cada docente con base en su experiencia, planeaciones anteriores y diagnóstico del grupo. Cuando se tienen grupos con alta diversidad en sus saberes previos y potencialidades para el aprendizaje, es difícil que las actividades se lleven a cabo en los tiempos preestablecidos.

3. Buscar que los mismos alumnos ayuden a gestionar el tiempo de las clases haciendo un seguimiento a la realización de las actividades, el tiempo empleado y brindando sugerencias para distribuir mejor el tiempo.

PASO 5. ORGANIZACIÓN DEL GRUPO

Este apartado se refiere a las diferentes modalidades de distribución de los alumnos en función de las actividades propuestas en la planeación didáctica. En este sentido, se trata de determinar si los estudiantes van a realizar las actividades de manera individual, por parejas, en equipos o mediante la interacción en todo el grupo. Se sugiere indicar en cada una de las actividades de aprendizaje y evaluación el tipo de organización de los estudiantes que se propone. En la Figura 4 se describen diferentes opciones de organización de los alumnos en función de las metas. Hay que tener en cuenta que la organización no es solamente para el aula sino también para otros espacios tanto en la escuela como por fuera de esta.

Sugerencias:

1. Combinar las actividades individuales con las actividades en pareja o equipo, considerando el tipo de actividad de aprendizaje o de evaluación que se propone en la planeación.
2. Las actividades que requieren la comprensión del tema con el apoyo directo del docente se pueden abordar de manera individual, a través de filas horizontales, bloques, organización en U o pasillo.
3. Las actividades que impliquen el análisis de casos, la resolución de problemas retadores y el trabajo por proyectos requieren más la organización en equipos.
4. Cuando es preciso un apoyo entre compañeros para comprender mejor un tema, leer, resolver dudas o concentrarse en solucionar un problema, se puede considerar el trabajo en parejas.

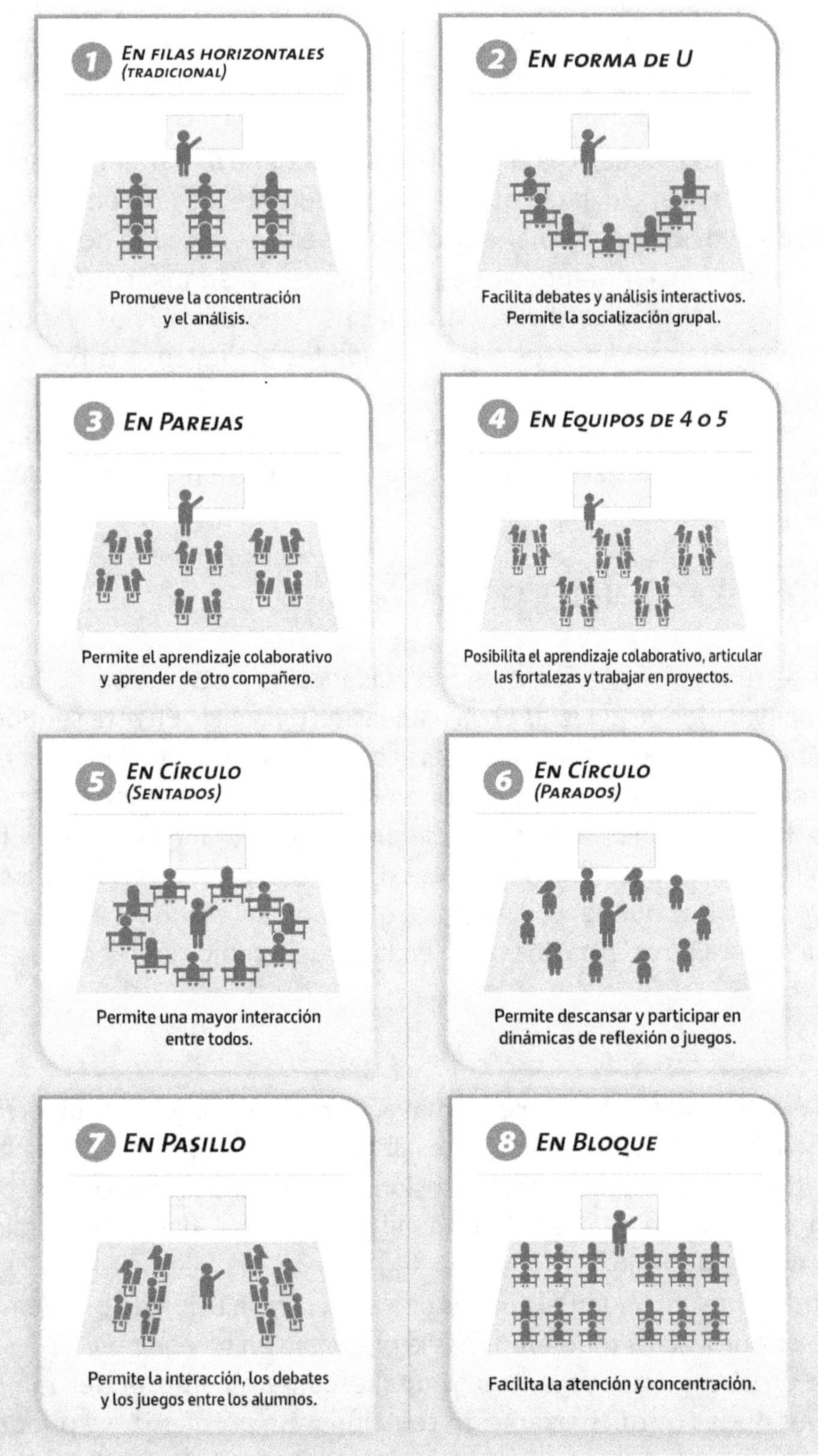

Figura 4. Tipos de organización de los estudiantes en el aula

PASO 6. ESTRATEGIA DE EVALUACIÓN

Definición de evaluación

Tanto en el Acuerdo 592 como en el Nuevo Modelo Educativo, la evaluación debe orientarse al aprendizaje de los estudiantes. Es decir, debe ser formativa. En la evaluación se busca determinar el nivel de logro de los aprendizajes esperados y ayudar a los alumnos a mejorar. Desde la socioformación, consiste en el proceso mediante el cual se le brinda retroalimentación y apoyo continuo a los alumnos mediante la colaboración para que logren los aprendizajes esperados y mejoren su desempeño, teniendo como base el abordaje de problemas del contexto, con el apoyo de indicadores o instrumentos. Se aplica en todo el proceso de formación: al inicio, se hace la evaluación de diagnóstico para identificar los saberes previos de los alumnos; durante el proceso, se aplica la evaluación continua, que busca el logro de los aprendizajes; y al final, la evaluación sumativa, que determina el nivel de logro de los aprendizajes esperados y la necesidad de apoyo extra para alcanzar las metas.

Ejes esenciales de la evaluación del aprendizaje

La evaluación del aprendizaje se centra en tres componentes: acciones, técnicas e instrumentos.

Acciones: actividades que se implementan para la evaluación, tanto de diagnóstico como continua y sumativa.

Técnicas: procedimientos para realizar la evaluación, como observación, registro, empleo de pruebas, trabajo con casos, etc.

Instrumentos: herramientas concretas para evaluar, como listas de cotejo, registros de observación, rúbricas, etc.

A continuación, se describen los ejes esenciales de la evaluación que deben considerarse en la planeación didáctica:

Planeación de la evaluación

Planear la evaluación mediante actividades concretas que permitan determinar el nivel de logro de los aprendizajes esperados dentro de la misma planeación didáctica, desde el inicio hasta el final, en complemento con las actividades de aprendizaje. Esto requiere considerar los recursos necesarios para efectuar la evaluación, los tipos de organización de los alumnos y el tiempo. Además, se deben considerar las características del grupo y del contexto al momento de establecer estas actividades.

Problema del contexto

Planear las actividades de aprendizaje considerando el abordaje del problema del contexto establecido en la planeación didáctica (ver Paso 2). Esto significa que para determinar el nivel de logro de los aprendizajes esperados es importante que los alumnos demuestren en qué medida logran identificar, comprender, argumentar y resolver el problema, considerando el producto de aplicación. Integrar los intereses de los alumnos y sus características.

Producto

Evaluar el producto central que deben lograr los estudiantes en la planeación didáctica, tanto en el proceso de elaboración o construcción de este (comprensión de las instrucciones y criterios para elaborar el producto, gestión del conocimiento, planeación, trabajo colaborativo) como en su resultado final (el producto en sí mismo). En esta parte, es necesario tener en cuenta que el producto puede ser tangible o intangible.

Se sugiere que los alumnos vayan entregando el producto por partes (entregas parciales), y que en la planeación didáctica se señale en qué momento o fase se debe hacer. Cada entrega parcial debe evaluarse mediante indicadores o instrumentos, y con base en ello brindarse una retroalimentación que posibilite a los alumnos identificar los logros y los aspectos a seguir mejorando. Las actividades deben propiciar la entrega parcial de los avances.

Indicadores o instrumentos

El producto, las entregas parciales de este y el proceso implicado en su elaboración se deben evaluar con base en indicadores o instrumentos específicos. Lo ideal es tener instrumentos concretos que posibiliten determinar con precisión los logros, los aspectos por mejorar y el nivel de dominio. Sin embargo, cuando no se tienen instrumentos, al menos deben considerarse los indicadores pertinentes para valorar el producto y sus avances.

En la Tabla 25 se señalan diferentes tipos de instrumentos de evaluación del aprendizaje desde la socioformación.

Tabla 25. Ejemplos de instrumentos de evaluación del aprendizaje

Instrumento	Definición	Ventajas	Desventajas
Lista de cotejo	Tabla con indicadores y dos categorías de análisis: Se presenta/ No se presenta. Los indicadores se describen con precisión.	Busca evaluar el cumplimiento completo de cada indicador y son un reto para los estudiantes en el desarrollo del talento humano.	No tiene elementos intermedios. Solamente hay dos opciones.
Escala de estimación	Tabla con indicadores, donde cada indicador se puede evaluar mediante niveles de desempeño.	Es útil en grupos grandes, cuando es importante evaluar puntos intermedios.	No da detalles o características de los grados. Esto a veces dificulta la retroalimentación. Se basa en niveles o grados generales.
Rúbrica analítica	Tabla con indicadores, niveles de desempeño y descriptores de cada nivel de desempeño.	Es muy útil cuando se requiere de mucha retroalimentación para mejorar el desempeño.	A veces es difícil aplicar esta metodología cuando se tienen muchas evidencias o los productos son poco tangibles.
Rúbrica sintética	Herramienta parecida a la rúbrica analítica, pero con la integración de indicadores y una única fila de descriptores para valorar un producto de manera global.	Es útil en la evaluación de productos integrativos.	Brinda poca retroalimentación para mejorar aspectos concretos de una evidencia.

Análisis de casos por problemas del contexto	Prueba con uno o varios casos que contienen problemas del contexto. La persona debe resolver una o varias preguntas abiertas o cerradas, y explicar el procedimiento de resolución.	Posibilita determinar el proceso de interpretación, argumentación y resolución de los problemas por parte de las personas evaluadas.	A veces es retador tener problemas del contexto en temas muy teóricos o abstractos.

Retroalimentación integral del desempeño

La evaluación debe propiciar que los estudiantes obtengan una retroalimentación integral de su desempeño mediante logros, sugerencias y acciones para mejorar, considerando actividades específicas de autoevaluación (valoración del alumno), coevaluación (valoración de los compañeros) y heteroevaluación (valoración del docente) que deben indicarse en la planeación didáctica. Esto debe hacerse en el marco de la comunicación asertiva, es decir, con amabilidad y respeto.

Aplicación de la evaluación informal

En la planeación didáctica no solo debe evaluarse el producto, sus entregas parciales y el proceso, sino todo aquello que permita que el alumno se forme de manera integral, a través de la indicación de logros y sugerencias, que fortalezcan la reflexión y autonomía de los alumnos. Este tipo de evaluación puede hacerse en cualquier momento, sin necesidad de indicadores o instrumentos.

Evaluación formativa

Finalmente, la evaluación debe ser formativa y en la planeación didáctica debe asegurarse que así sea. Para ello, es necesario planear actividades concretas en las cuales los alumnos por sí mismos, y con el apoyo de sus pares y del docente, tengan comprensión de sus logros y aspectos a mejorar, y luego mejoren de manera concreta con el apoyo de sus pares, los maestros, la familia y la comunidad. En función del diagnóstico, deben preverse diferentes oportunidades para que mejoren sus productos hasta lograr, como mínimo, el nivel satisfactorio en los diferentes indicadores y aprendizajes esperados que se han considerado.

La evaluación, por consiguiente, no debe girar en torno a las calificaciones sino al mejoramiento continuo. Las calificaciones solamente deben ser un insumo más que ayude a los alumnos a identificar su nivel y progreso. Para brindarse una calificación es necesario emplear indicadores o instrumentos que permitan sustentar las notas. En este sentido, al dar la calificación a un ensayo, por ejemplo, debe quedarle claro al alumno por qué la nota es de 6.0 y no de 8.0.

INSTRUMENTO DE EVALUACIÓN: RÚBRICAS

La planeación didáctica debe acompañarse de un determinado instrumento de evaluación del aprendizaje con el fin de valorar el producto central y apoyar a los alumnos en su elaboración y mejora continua. Se propone que este instrumento sea una rúbrica, la cual puede ser sintética o analítica. Las rúbricas consisten en evaluar procesos o productos mediante indicadores, niveles de desempeño y descriptores. Posibilitan identificar el nivel en cada indicador para implementar mejoras continuas y lograr el mayor desempeño posible. En la Tabla 26 se presentan los diferentes usos de ambos tipos de rúbricas. Una rúbrica analítica tiene varios indicadores, y cada indicador se compone de una fila de descriptores. Una rúbrica sintética en cambio, solo posee una fila de descriptores.

Tabla 26. Usos de los diferentes tipos de rúbricas	
Empleo de las rúbricas analíticas:	**Empleo de las rúbricas sintéticas:**
• Cuando los estudiantes requieren de un proceso de retroalimentación detallado para mejorar. • Cuando las evidencias que se evalúan son poco conocidas por los estudiantes. • Cuando las evidencias tienen muchos componentes en relación y es difícil determinar lo esencial. • Cuando los estudiantes requieren de la rúbrica para elaborar y mejorar la evidencia hasta lograr el más alto grado de calidad. • Cuando es necesario evaluar cada uno de los componentes de un proceso o de una evidencia para implementar mejoras puntuales.	• Cuando los estudiantes pueden mejorar con sugerencias generales o globales. • Cuando los estudiantes tienen experiencia o importantes saberes previos en torno a la evidencia por evaluar. • Cuando se dispone de poco tiempo para planear la rúbrica o para aplicarla con los estudiantes. • Al final de un proceso, después de haber trabajado con una rúbrica analítica, para valorar un desempeño de manera general.

En la Tabla 27 se presenta un ejemplo de rúbrica sintética para evaluar un producto intangible como es el trabajo colaborativo. Puede observarse que esta rúbrica se compone de un indicador, niveles de desempeño y descriptores para determinar el nivel de desempeño logrado por el estudiante.

Tabla 27. RÚBRICA SINTÉTICA DE LA COMUNICACIÓN ASERTIVA				
Producto: Registro de la comunicación asertiva en el trabajo con otros **Valor:** 20%				
Indicadores	**Receptivo**	**Resolutivo**	**Autónomo**	**Estratégico**
Indicadores de la comunicación asertiva	A veces, busca mejorar su comunicación, tanto de manera oral como escrita. Sin embargo, se le dificulta alguno de estos aspectos: -Escuchar con atención a los demás. -Hacer peticiones con amabilidad y respeto. -Expresar sus opiniones con respeto. -Controlar la ira en el trato con los demás.	Trata de comunicarse con los demás expresando sus ideas con respeto, escuchando y teniendo en cuenta las contribuciones de los otros. Controla la ira en los procesos de interacción con los demás y cuando se presentan conflictos.	En la interacción con los demás, usted con frecuencia: -Escucha los puntos de vista. -Comunica sus ideas con cordialidad y claridad. -Respeta las ideas, emociones y pensamientos. -Reflexiona durante la comunicación y corrige errores. Hace mejoras continuas en su proceso de comunicación asertiva con los demás.	Busca con frecuencia resolver los conflictos con los demás mediante la comunicación cordial de sus ideas, el respeto a las opiniones de los otros, el diálogo franco y la búsqueda de acuerdos que resuelvan las dificultades que se presentan. Implementa acciones creativas para contribuir a mejorar la comunicación en su equipo de trabajo.
Ponderación: 20%	5%	10%	15%	20%

Autoevaluación	Logros:	Sugerencias:
Coevaluación	Logros:	Sugerencias:
Heteroevalua-ción	Logros:	Sugerencias:

Pasos en el diseño de una rúbrica socioformativa

Para elaborar una rúbrica socioformativa es esencial tener en cuenta el problema sobre el cual se pretende evaluar el desempeño de los estudiantes y el producto concreto, considerando las metas de aprendizaje. En la Figura 5 se describen los pasos para elaborar una rúbrica.

Figura 5. Pasos en la elaboración de una rúbrica

Formato para elaborar una rúbrica paso a paso

La Tabla 28 presenta una propuesta de formato para elaborar una rúbrica analítica, y la Tabla 29, un formato para abordar la rúbrica sintética. Los niveles de desempeño se pueden ajustar de acuerdo con la taxonomía que se siga. La ponderación es opcional, y debe plantearse en función de la evaluación.

Tabla 28. Formato de rúbrica analítica

Producto:				
Indicadores	Nivel bajo Receptivo	Nivel medio Resolutivo	Nivel medio alto Autónomo	Nivel muy alto Estratégico
1.				
Ponderación:				
2.				
Ponderación:				

Evaluación	Logros	Sugerencias
Autoevaluación		
Coevaluación		
Heteroevaluación		

Tabla 29. Formato de rúbrica sintética				
Producto: **Valor:**				
Indicadores	**Receptivo**	**Resolutivo**	**Autónomo**	**Estratégico**
Ponderación:				
Autoevaluación	Logros:		Sugerencias:	
Coevaluación	Logros:		Sugerencias:	
Heteroevaluación	Logros:		Sugerencias:	

Para evaluar la rúbrica puede emplearse la escala de estimación que se propone en la Tabla 30. La escala de estimación es una herramienta para evaluar actividades y evidencias con base en indicadores y niveles de desempeño, logro, dominio o frecuencia. En equipo, elaborar o mejorar una escala de estimación teniendo en cuenta los siguientes indicadores.

Tabla 30. Escala de estimación para evaluar una rúbrica
Producto: Rúbrica
Ponderación: 10

Indicadores	Receptivo	Resolutivo	Autónomo	Estratégico	Sugerencias
1. Se indica el título y el producto, de acuerdo con el aprendizaje esperado.	0.4	0.6	0.8	1.0	
2. Los indicadores del instrumento son esenciales y suficientes para evaluar el producto acorde con el aprendizaje esperado.	0.4	0.6	0.8	1.0	
3. Los descriptores se relacionan con el indicador respectivo y se establecen para cada nivel de desempeño.	0.4	0.6	0.8	1.0	
4. Los descriptores brindan detalles o ejemplos de lo que se pretende evaluar.	0.5	1.0	2.0	3.0	

5. Los descriptores corresponden al nivel de desempeño establecido y siguen la taxonomía socioformativa u otra taxonomía pertinente.	0.5	1.0	1.5	2.0
6. Se evitan los adjetivos como "excelente", "muy bueno", "completo", etc. En su lugar, se hacen descripciones con apoyo de situaciones y ejemplos.	0.4	0.6	0.8	1.0
7. Los descriptores son entendibles por la persona evaluada.	0.4	0.6	0.8	1.0
8. Opcional: Los descriptores tienen ponderación cuantitativa acorde con su grado de reto para los estudiantes (esto se agrega si la rúbrica se va a emplear en la evaluación cuantitativa).	0	0	0	0.0

EVALUACIÓN DEL PROYECTO DE ENSEÑANZA MEDIANTE UNA RÚBRICA

Estimado Docente.

A continuación, en la Tabla 31, se presenta una rúbrica para que autoevalúe la planeación del proyecto de enseñanza. Esta rúbrica está acorde con los ejes del proceso establecidos por la Secretaría de Educación Pública.

Instrucciones:

1. Realice la autoevaluación considerando la planeación del proyecto de enseñanza, en su Momento 1.
2. En cada pregunta seleccione el nivel que mejor corresponda o que más se aproxime de acuerdo con la planeación realizada.
3. Revise las opciones desde el Nivel Muy Bajo (PREFORMAL) hasta el Nivel Muy Alto (ESTRATÉGICO). Para poder seleccionar un nivel superior, debe cumplir con lo descrito en los niveles anteriores.
4. Es esencial que responda con sinceridad. No importa su resultado actual sino lo que mejore.
5. A medida que se autoevalúa, implemente mejoras en la planeación del proyecto de enseñanza.
6. Trabaje con otros compañeros en las mejoras de sus proyectos de enseñanza tomando como referencia la presente rúbrica, mediante la coevaluación.

Tabla 31. Rúbrica para evaluar un proyecto de enseñanza

Indicador	PREFORMAL NIVEL MUY BAJO	RECEPTIVO NIVEL BAJO	RESOLUTIVO NIVEL MEDIO	AUTÓNOMO NIVEL MEDIO ALTO	ESTRATÉGICO NIVEL MUY ALTO
1. Diagnóstico del grupo y del contexto. ¿En qué nivel se presenta el diagnóstico del grupo y del contexto para orientar el proceso de formación?	No se presenta el diagnóstico del grupo.	Se tiene el diagnóstico del grupo de manera general. No hay detalles del contexto familiar y sociocultural.	Se presenta el diagnóstico del grupo con las siguientes características mínimas de los estudiantes: 1) Sexo; 2) Rango de edad; 3) Lugar de residencia; y 4) Contexto escolar, familiar y sociocultural de manera general.	Se presenta el diagnóstico del grupo con los siguientes elementos: 1) Análisis de saberes previos; 2) Estilos o estrategias de aprendizaje de los alumnos; 3) Problemas más comunes que enfrentan los estudiantes; 4) Diagnóstico de las necesidades educativas especiales; 5) Actitudes frente al estudio; y 6) Intereses de los alumnos.	El diagnóstico del contexto y del grupo se fundamenta en fuentes de información, registros, encuestas, cuestionarios, entrevistas, etc. El diagnóstico del contexto y del grupo se basa en datos cuantitativos.
Ponderación: 10%	2%	4%	6%	8%	10%

2. Elementos curriculares. ¿En qué nivel la planeación didáctica se articula al currículo y al Nuevo Modelo Educativo, centrándose en el logro de unos determinados aprendizajes esperados?	Los elementos curriculares no aparecen o están incompletos. Por ejemplo, falta el aprendizaje esperado, el programa, la materia, los contenidos, etc.	Se tienen los siguientes elementos curriculares: título, materia, programa, semestre y aprendizaje esperado.	Se plantean uno o varios aprendizajes esperados acorde con el currículo, considerando los contenidos del programa de estudios y el Nuevo Modelo Educativo.	Se describen los contenidos junto al aprendizaje o aprendizajes esperados abordados. El título es significativo, puede generar interés en los estudiantes y está acorde con el problema del contexto o producto central de la planeación didáctica.	Se aborda el enfoque de la asignatura y se describe de manera sintética, de acuerdo con el Nuevo Modelo Educativo.
Ponderación: 10%	**2%**	**4%**	**6%**	**8%**	**10%**
3. Problema del contexto. ¿En qué nivel la planeación didáctica toma como base un problema del contexto potencialmente significativo para los estudiantes y este se aborda en un producto central, a través de las actividades de aprendizaje y evaluación?	No se considera un problema del contexto, ni una situación problematiza-dora ni un problema cognitivo.	Se identifica una pregunta conceptual, un conflicto cognitivo o una pregunta problematiza-dora desde los contenidos.	Se plantea un problema del contexto potencial-mente significativo para los estudiantes. El problema considera una necesidad de un entorno pertinente, la cual puede ser: una dificultad, un vacío, un conflicto, o el reto de mejorar, crear o innovar un producto o servicio. Por ejemplo, un problema puede ser la contamina-ción ambiental de un río con basuras o productos químicos; la obesidad en los adolescentes por una alimentación inadecuada; el sedentarismo por la falta de actividad física; la violencia en la comunidad, etc.	Se determina un producto central, el cual se articula con el problema. El producto puede ser tangible (informe, reseña, video, audio, etc.) o intangible (presentación oral, trabajo colaborativo, práctica deportiva, etc.). El problema y el producto posibilitan el logro del o los aprendizajes esperados establecidos para la planeación.	El producto considera los intereses de los estudiantes y se logra a partir de las actividades de aprendizaje y evaluación de la planeación didáctica. El problema del contexto se aborda en las actividades de la planeación didáctica. El problema y el producto consideran el diagnóstico del grupo.
Ponderación: 10%	**2%**	**4%**	**6%**	**8%**	**10%**

4. Planeación de las actividades de manera articulada. ¿En qué nivel se plantean actividades de aprendizaje y evaluación de manera articulada, considerando el problema del contexto y los aprendizajes esperados?	Se describen aspectos generales como los contenidos y las estrategias didácticas. No se plantean actividades de aprendizaje y evaluación.	Se plantean actividades concretas de aprendizaje, las cuales se organizan en Apertura, Desarrollo y Cierre.	Las actividades están articuladas entre sí, siguen un orden lógico, se complementan y tienen relación con los aprendizajes esperados y un problema del contexto. Ejemplo de actividad: Buscar información en internet sobre la prevención del consumo de licor en la familia, elaborar un mapa mental mediante un software, explicar a los padres las consecuen-cias del consumo de alcohol y grabar un video de esto. Coevaluar la actividad con otro compañero mediante una rúbrica.	Se tienen las siguientes actividades mínimas: 1) Acuerdo del problema y del producto por lograr, junto con una actividad de motivación por el aprendizaje; 2) Análisis de saberes previos considerando el problema y el producto que se espera lograr; 3) Búsqueda, comprensión y análisis de los conceptos esenciales para interpretar y argumentar el problema; 4) Metodología y análisis de un ejemplo en torno a la resolución del problema aplicando el aprendizaje o aprendizajes esperados; 5) Abordaje del problema mediante el trabajo colaborativo y la obtención del producto final propuesto; 6) Mejora del producto mediante la metacognición, aplicando un determinado instrumento de evaluación; y 7) Socialización del producto y de los aprendizajes logrados en el proceso. Las actividades tienen en cuenta el enfoque de la asignatura.	Las actividades abordan en todos los momentos el problema del contexto y el producto central propuesto. Tienen en cuenta el diagnóstico del grupo, particularmente los intereses y necesidades de los estudiantes. Se considera el proceso de inclusión en las actividades y se proponen adaptaciones si se requieren en función del diagnóstico.
Ponderación: 20%	4%	8%	12%	16%	20%

5. Vinculación. ¿En qué nivel se articula la asignatura con al menos otra asignatura considerando el problema del contexto y el producto central?	La planeación se enfoca en una sola asignatura, sin articulación con otras.	En la planeación didáctica se considera el saber o contenido de al menos otra asignatura.	En la planeación didáctica hay articulación con al menos otra asignatura considerando uno o varios de sus aprendizajes esperados.	En la planeación didáctica hay articulación con al menos otra asignatura considerando el problema del contexto. La transversalidad se muestra en las actividades propuestas y en el producto central.	En la planeación didáctica se aborda la transversalidad con actividades que permiten realizar la evaluación en las asignaturas articuladas mediante un mismo producto central y se comparten recursos entre ellas.
Ponderación: 10%	2%	4%	6%	8%	10%
6. Organización de los alumnos. ¿En qué nivel se planea la organización de los estudiantes para el trabajo colaborativo?	No se describen acciones concretas de organización de los estudiantes.	En algunas actividades se plantea el trabajo individual, en binas o en equipo.	Se describe de manera explícita y formal el proceso de organización de los estudiantes en cada actividad: individual, en binas, en equipos o en todo el grupo.	Se incluyen actividades de trabajo colaborativo en las cuales los estudiantes se apoyan entre sí para resolver el problema y lograr los aprendizajes esperados.	Se propone alguna actividad para preparar a los estudiantes en el trabajo colaborativo, con el fin de que puedan articular sus fortalezas para tener un mayor impacto en la resolución del problema y el logro del producto central de la planeación didáctica.
Ponderación: 10%	2%	4%	6%	8%	10%

7. Evaluación. ¿En qué nivel se propone la evaluación continua y formativa en la planeación didáctica mediante un producto concreto y el empleo de un instrumento?	Se propone la evaluación mediante exámenes, trabajos de consulta bibliográfica o registros simples del desempeño, sin indicadores concretos e instrumentos.	Se evalúa mediante un producto central o evidencias de desempeño. Se describen los indicadores necesarios para realizar la evaluación de las evidencias o productos.	Se plantea la evaluación con al menos un instrumento: lista de cotejo, escala de estimación o rúbrica, entre otros. Se planea la evaluación mediante actividades concretas a lo largo de toda la planeación didáctica, considerando los diferentes tipos de evaluación: evaluación diagnóstica (saberes previos), evaluación continua (se hace para que el estudiante logre los aprendizajes esperados) y evaluación sumativa (se le brinda un informe final a los alumnos sobre su nivel de desempeño con logros, sugerencias y calificación en caso de que proceda). Se propone la evaluación con base en un producto central y la resolución de un problema del contexto.	Se describen actividades de autoevaluación y coevaluación en la planeación didáctica. A los estudiantes se les explica el instrumento desde el inicio y se les brinda la posibilidad de contribuir en su mejoramiento. Los instrumentos consideran los intereses y características de los estudiantes y del grupo. Se práctica la evaluación informal, es decir, sin indicadores o instrumentos, o sin una planeación previa, con el fin de retroalimentar al estudiante para que mejore en diversos aspectos, y no solo en el producto central.	Se brindan sugerencias a los estudiantes en la aplicación de los instrumentos, considerando la autoevaluación y coevaluación, y se les dan varias oportunidades para que mejoren el producto central hasta que logren los aprendizajes esperados, por lo menos en el nivel satisfactorio, suficiente o aceptable. Se proponen adaptaciones en la evaluación en caso de ser necesarias, de acuerdo con el diagnóstico del grupo.
Ponderación: 20%	4%	8%	12%	16%	20%

8. Recursos. ¿En qué nivel se describen los recursos para la realización de las actividades de aprendizaje y evaluación, como tiempos, espacios y materiales, de acuerdo con las actividades propuestas?	No se describen los recursos o no son pertinentes.	Los recursos se describen de manera general, sin considerar las actividades concretas.	Los recursos están descritos de manera concreta y se articulan con las actividades. Se identifican los espacios, equipos y materiales para efectuar las actividades. Se presenta el tiempo por medio de sesiones y/o minutos, ya sea para toda la planeación o para cada actividad.	Se tienen lineamientos en torno al uso del tiempo, los espacios, equipos y materiales de acuerdo con las actividades de aprendizaje y evaluación. Los recursos se corresponden con las tendencias educativas y las metas de formación.	Se indica el empleo de los recursos en las actividades de aprendizaje y evaluación. Los recursos tienen en cuenta los intereses y necesidades de los estudiantes, de acuerdo con el diagnóstico del grupo y las oportunidades del entorno escolar y comunitario.
Ponderación: 10%	2%	4%	6%	8%	10%
Evaluación		Logros		Sugerencias	Nota
Autoevaluación					
Coevaluación					
Heteroevaluación					

EJEMPLO DE PROYECTO DE ENSEÑANZA

En la Tabla 32 se presenta un ejemplo sintético de proyecto de enseñanza de acuerdo con los seis pasos descritos anteriormente. En este proyecto se integran de manera explícita e implícita los diferentes aspectos encontrados en el diagnóstico del grupo. Debido a que se hace la planeación didáctica para el grado 1 de secundaria, el proyecto de enseñanza se propone con base en el Nuevo Modelo Educativo propuesto por la Secretaría de Educación Pública en el 2017. De allí que los aspectos curriculares y el enfoque de la asignatura sean diferentes a lo que se ha trabajado desde el acuerdo 592. Se ha tomado como ejemplo Español 1.

El ejemplo que se presenta es una versión mejorada de la planeación didáctica presentada en los saberes previos al inicio del presente módulo. Es importante resaltar que el ejemplo todavía puede mejorarse y se comparte como ilustración de la mejora de las prácticas docentes por parte de la maestra Adriana, tales como: 1) adaptación de la planeación al diagnóstico del grupo y del contexto; 2) énfasis en la resolución de un problema del entorno tomando como base un producto central; 3) focalización de la evaluación en el logro del aprendizaje esperado, con varias oportunidades para que los alumnos mejoren con apoyo en una rúbrica que se les entrega desde el inicio; 4) fortalecimiento del trabajo colaborativo mediante actividades en equipo e individuales para promover la formación; y 5) vinculación con otra asignatura para abordar el problema del entorno y el producto de aplicación de manera integral.

Tabla 32. Ejemplo de un proyecto de enseñanza para secundaria			
Título: PROTE-Acción ¿Cómo podemos protegernos frente a la violencia que hay en la comunidad?			
Aspectos curriculares			
Nivel: Secundaria Modalidad: secundaria Grado: 1	Asignatura: Español 1 Docente: Adriana Silva Giménez	Periodo académico: 1	Número de sesiones: 5 Inicia: 19 de septiembre del 2018 Termina: 1 de octubre del 2018
Enfoque de la asignatura	Aprendizaje significativo del español mediante prácticas que son relevantes en la comunidad, a través de la interacción oral y escrita.		
Ámbito: Participación social Práctica social del lenguaje: Participación y difusión de información en la comunidad escolar	Aprendizaje esperado: **Entrevista a una persona relevante de su localidad.** • Reconoce las características discursivas de la entrevista y los requisitos para sistematizarla por escrito. • Determina el objetivo de la entrevista y elige a la persona o personas que entrevistará. • Prepara la entrevista y distingue entre preguntas centrales y de apoyo. • Elabora un texto que incluya la información recabada en la entrevista. • Reconoce las diferencias entre lengua oral y lengua escrita. Nota: debido a la limitación en el tiempo, no se abordaron todos los indicadores. Los que quedaron faltando se dejaron para otra planeación didáctica sobre el mismo aprendizaje esperado.		
Problema del contexto:	Altos niveles de violencia en la comunidad, como robos, daños a la propiedad, secuestros, asesinatos, etc. que requieren medidas de protección y cuidado por parte de las familias.		
Producto central que deben lograr los estudiantes:	Entrevista por escrito a un experto en seguridad invitado al aula por el/la docente, sobre las acciones que podrían implementarse en la familia y la comunidad para cuidarse y protegerse frente a los hechos de violencia que están surgiendo en la colonia. Pregunta: ¿Cómo cuidarse en torno a la violencia que se vive en la localidad?		
Vinculación con otras asignaturas:	Asignatura 1. Formación Cívica y Ética 1 Eje temático: Convivencia pacífica y solución de conflictos Tema: Cultura de paz Aprendizaje esperado: Reconoce la cultura de paz como un conjunto de valores, actitudes, comportamientos y estilos de vida basados en el respeto a la vida y el rechazo a todo tipo de violencia.		

Actividades de aprendizaje y organización de los alumnos		Estrategia de evaluación (acciones, técnicas e instrumentos)	Recursos didácticos
I N I C I O	**Visión compartida y motivación.** -Cada estudiante observará un video en el celular en torno a la violencia que se vive en el estado, y con base en este redactará en una hoja alguna situación o experiencia de violencia que se haya vivido en la familia o en la colonia. Luego, se leerá en voz alta esta experiencia a otro compañero. Por último, se le entregará a la maestra la experiencia escrita para su conocimiento. -Previamente, la maestra les pedirá a los alumnos llevar a la clase sus celulares y les compartirá el video por WhatsApp. -La maestra acordará con los estudiantes el producto central a elaborar: una entrevista a un experto en seguridad invitado al aula, sobre las acciones que se podrían implementar en la familia y comunidad para tener mayor cuidado y protección frente a la violencia que se está dando en la localidad.	Acción: evaluación informal de diagnóstico en torno a posibles hechos de violencia y su impacto emocional y académico en los alumnos. Técnica: expresión libre de los alumnos por escrito. Instrumento: registro de algunas situaciones relevantes en el cuaderno de apuntes del docente.	Video "Impacto de la Violencia en el Estado" Tiempo: Sesión 1 Nota: se planeó el tiempo de manera flexible dada la alta diversidad en el ritmo de aprendizaje de los alumnos.
	Diagnóstico de saberes previos. -La maestra les compartirá a los alumnos esta situación: "Supongamos que en este momento van a entrevistar a un experto en seguridad: ¿Qué preguntas se le podrían hacer para que nos ayude a protegernos frente a la violencia tanto en el hogar como en la localidad?" Esta actividad se hará en equipos de tres integrantes. Cada equipo deberá poseer: 1) un nombre que le dé identidad; y 2) distribución de roles: coordinación, sistematización y gestión de la calidad. -Al final, los alumnos deberán hacer esta evaluación: -¿Qué logros se tuvieron en la elaboración de las preguntas? -¿Qué es necesario mejorar en la redacción de las preguntas? -La maestra concluirá la actividad buscando que los alumnos comprendan la importancia de la entrevista en la vida cotidiana para diagnosticar y resolver problemas del contexto, retomando algunas preguntas formuladas por los diferentes equipos.	Acción: Evaluación informal de diagnóstico para identificar los saberes previos sobre el aprendizaje esperado. Técnica: elaboración de un producto. Instrumento: preguntas abiertas.	Cuaderno de registro de los alumnos. Tiempo: Sesión 1

D **E** **S** **A** **R** **R** **O** **L** **L** **O**	**Apropiación y comprensión del conocimiento.** -En los mismos equipos de la actividad anterior, los alumnos leerán el apartado "Selección del tema y la persona por entrevistar" en el libro de texto con el fin de comprender qué es una entrevista, cuáles son sus características y qué pasos tiene. -La maestra reunirá a todo el grupo y le hará preguntas de comprensión, como: ¿qué es una entrevista? ¿para qué sirve? ¿cómo se hace? Con base en esto aclarará las dudas que posean. -A continuación, la maestra les compartirá un ejemplo de entrevista y lo evaluará en voz alta siguiendo una rúbrica analítica, la misma que deberán emplear los alumnos para autoevaluar su propia entrevista y mejorarla. Para ello, aplicará todos los indicadores de la rúbrica, identificando logros y sugerencias para mejorar el ejemplo presentado. Finalmente, les entregará a los alumnos la rúbrica y les indicará que es el instrumento que será empleado para evaluar el producto central de aplicación. -A continuación, los estudiantes en equipo analizarán un ejemplo de entrevista que está en el libro de texto mediante la rúbrica entregada por la maestra. Al final, responderán las siguientes preguntas en torno al ejemplo de entrevista: -¿Qué logros se tienen en la entrevista respecto a la Introducción, las preguntas y las respuestas? -¿Qué es necesario mejorar en la entrevista respecto a la Introducción, las preguntas y las respuestas?	Acción: análisis de un ejemplo de entrevista escrita aplicando la rúbrica analítica. Técnica: análisis de caso. Instrumento: rúbrica analítica entregada por el docente.	Libro de texto: Enrique Lepe, Sergio Tobón, Gabriela Martínez del Campo y Carlos Belmonte (2018). Español 1. México: Trillas. Rúbrica analítica para evaluar una entrevista Tiempo: Sesión 2
	Metodología y ejemplificación. -Los estudiantes leerán en equipo el apartado "Elaboración del cuestionario" y redactarán un esquema de la entrevista que se pretende realizar al experto en seguridad que se va a invitar al aula. Este esquema se compartirá con la maestra para recibir retroalimentación e implementar las mejoras necesarias. El esquema deberá poseer: título, autor, problema a resolver y temas centrales que se van a indagar en el experto. Esto se hará con apoyo en el ejemplo del libro de texto. -Los alumnos buscarán en internet, en cada equipo y en la asignatura de Formación Cívica y Ética 1, un documento sobre la violencia en la comunidad y con base en este elaborarán la Introducción a la entrevista. En la Introducción, se deberá especificar la importancia del problema (¿Cómo cuidarse en torno a la violencia que se vive en la localidad?), el propósito de la entrevista y la presentación de la persona que se va a entrevistar, teniendo como base la revisión de un ejemplo del libro de texto de Español 1.	Acción: valorar la Introducción y preguntas de la entrevista. Técnica: observación del desempeño de los estudiantes. Instrumento: rúbrica analítica.	Libro de texto: Enrique Lepe, Sergio Tobón, Gabriela Martínez del Campo y Carlos Belmonte (2018). Español 1. México: Trillas. Libro de texto de Formación Cívica y Ética 1 Rúbrica sobre la Introducción y preguntas de una entrevista. Computador y acceso a internet para buscar un documento sobre la violencia en la comunidad. Tiempo: Sesión 2 o 3

D E S A R R O L L O	En equipo se redactarán las preguntas de la entrevista para recoger información en torno a cómo cuidarse de la violencia y tener comportamientos de prevención, tomando en cuenta el ejemplo de entrevista del libro de texto de Español 1. Estas preguntas se le harán al experto que visitará el aula. Los alumnos elaborarán al menos tres preguntas centrales y dos preguntas de apoyo siguiendo el ejemplo del libro de texto. -En la asignatura de Formación Cívica y Ética 1 se elaborará en los mismos equipos una pregunta en torno a la paz para integrar en la entrevista, con el apoyo del docente de esta asignatura, a partir de una lectura sobre las características de la paz. -Los alumnos autoevaluarán la Introducción y las preguntas de la entrevista mediante una rúbrica, y mejorarán lo que sea necesario. Luego, someterán a coevaluación de otro equipo la Introducción y las preguntas, recibirán retroalimentación e implementarán las mejoras necesarias. Para ello, emplearán la misma rúbrica de la autoevaluación. -Los equipos le presentarán a la maestra la Introducción y las preguntas de la entrevista para recibir retroalimentación, analizar las sugerencias e implementar las mejoras que sean necesarias en el producto. La maestra les brindará la retroalimentación siguiendo la rúbrica de base y les apoyará para implementar las mejoras necesarias, hasta que las preguntas sean comprensibles. -Finalmente, cada equipo compartirá las preguntas que sean diferentes y la maestra las irá anotando en el pizarrón, con el fin de que las preguntas que se le hagan al experto no sean repetidas. Esta actividad buscará ayudar a mejorar las preguntas con el apoyo de todos.	Acción: valorar la Introducción y preguntas de la entrevista. Técnica: observación del desempeño de los estudiantes. Instrumento: rúbrica analítica.	Libro de texto: Enrique Lepe, Sergio Tobón, Gabriela Martínez del Campo y Carlos Belmonte (2018). Español 1. México: Trillas. Libro de texto de Formación Cívica y Ética 1 Rúbrica sobre la Introducción y preguntas de una entrevista. Computador y acceso a internet para buscar un documento sobre la violencia en la comunidad. Tiempo: Sesión 2 o 3
	Aplicación colaborativa en el contexto real o simulado. -La maestra invitará a un experto en seguridad al aula, para que sea entrevistado por los diferentes equipos que se conformaron. Le dará la bienvenida y le pedirá a un alumno que explique la metodología de trabajo. -Los diferentes equipos le harán las preguntas planeadas al experto y esto se grabará en un archivo de audio con los celulares que poseen los alumnos. Cada equipo formulará al menos una pregunta. Se podrán agregar otras preguntas si se considera necesario. -Los equipos transcribirán por escrito las preguntas y las respuestas dadas por el experto que están en el archivo de audio, seleccionando solamente las preguntas que hicieron. La maestra les explicará cómo pasar un archivo de audio a texto. -Una vez se tenga la transcripción textual de las respuestas dadas por el experto, cada alumno se ocupará de redactar de manera adecuada las respuestas de al menos dos preguntas, cuidando que la redacción sea compresible por los lectores y aplicando la ortografía y la gramática de la lengua.	Acción: Evaluar la redacción de las respuestas dadas por la persona entrevistada. Técnica: autoevaluación, coevaluación y heteroevaluación mediante una rúbrica. Instrumento: rúbrica analítica sobre la entrevista.	Libro de texto: Enrique Lepe, Sergio Tobón, Gabriela Martínez del Campo y Carlos Belmonte (2018). Español 1. México: Trillas. Tiempo: Sesiones 3 y 4

	-Cada alumno organizará la entrevista integrando la Introducción hecha en equipo con las preguntas y sus respuestas en forma de texto, para tener la entrevista completa. Esto se autoevaluará con la rúbrica y se implementarán las mejoras necesarias. A continuación, se someterá a coevaluación de otro compañero la transcripción textual de la entrevista, se recibirá retroalimentación y se implementarán las mejoras, siguiendo la rúbrica de evaluación. -Finalmente, la maestra heteroevaluará la entrevista escrita de cada alumno con apoyo en la misma rúbrica de evaluación que se ha tenido desde el inicio, les brindará retroalimentación y les apoyará para que mejoren la redacción.		
C I E R R E	**Metacognición.** -Cada alumno mejorará de manera individual la entrevista y la transcripción textual de las respuestas dadas por la persona entrevistada, con base en la retroalimentación de la maestra y le volverá a entregar el texto escrito para una nueva evaluación, hasta lograr el nivel aceptable o satisfactorio. En caso de que se posea este nivel, se buscará lograr un nivel superior o trabajar en la excelencia. -La maestra les brindará apoyo a los alumnos con dificultades en la redacción a través de la tutoría entre pares, sugerencias a la familia y una nueva revisión del ejemplo que tiene el libro de texto de Español 1.	Acción: mejorar la redacción de las respuestas de la persona o personas entrevistadas con apoyo en la retroalimentación de los compañeros y del docente. Técnica: reflexión a partir del apoyo de otros. Instrumento: rúbrica analítica.	Libro de texto: Enrique Lepe, Sergio Tobón, Gabriela Martínez del Campo y Carlos Belmonte (2018). Español 1. México: Trillas. -Rúbrica analítica de una entrevista. Tiempo: Sesión 5
	Socialización. -En los mismos equipos conformados en la parte de Metodología, se hará una síntesis sobre las acciones a implementar en la familia y comunidad para protegerse frente al aumento de la violencia en la colonia. Al menos, deberá haber una contribución de cada alumno que conforme el equipo. Esta síntesis se compartirá con la maestra, se recibirá retroalimentación y se mejorará. Los alumnos que todavía tengan dificultades en la redacción de la entrevista, seguirán trabajando en ello. -Cada equipo compartirá con todo el grupo la síntesis de las acciones, agregando algo que no haya sido expuesto por los demás equipos. -Cada alumno compartirá con toda la familia la síntesis de las acciones a implementar para protegerse de la violencia, buscando que esté el padre. -Cada alumno integrará la entrevista individual al portafolio digital de la asignatura por medio del celular, con una pequeña descripción: título, problema abordado, fecha, autor y persona entrevistada. -La maestra le brindará a cada estudiante una calificación con logros y sugerencias sobre la entrevista escrita presentada (evaluación sumativa), tomando en cuenta la rúbrica empleada en el proceso.	Acción: evaluación sumativa de cada alumno respecto al logro del aprendizaje esperado y asignación de una nota. Técnica: valoración integral mediante una rúbrica. Instrumento: rúbrica analítica.	Celular de cada alumno Acceso a internet Portafolio de la asignatura en línea Tiempo: Sesión 5

EJEMPLO DE RÚBRICA ANALÍTICA

En la Tabla 33 se describe un ejemplo para evaluar una entrevista con los elementos esenciales. Esta rúbrica se puede dejar para colocarla en la evidencia 2 que se entrega en el momento 2.

Tabla 33. Rúbrica para evaluar una entrevista				
Producto: Entrevista escrita Nota: 10 puntos				
Indicadores	NIvel bajo Receptivo	Nivel mediow Resolutivo	Nivel medio alto Autónomo	Nivel muy alto Estratégico
1. Esquema de la entrevista. ¿Se hizo la planeación de la entrevista con base en un esquema gráfico o textual?	Se hizo una planeación muy general y superficial de la entrevista que se va a elaborar. Faltan algunos elementos.	Se presenta un esquema gráfico o textual de la entrevista que se planea elaborar, con los siguientes aspectos mínimos: -Autor -Tema central -Temas concretos	Se presenta un esquema de la entrevista a elaborar con una síntesis de un problema del contexto y de los temas a abordar. El problema aborda una necesidad, dificultad o propuesta para mejorar algo. La entrevista contiene: -Título -Autor -Problema del contexto -Temas por los cuales se preguntará al entrevistado	Se presenta un esquema de la entrevista con los temas pertinentes al problema. La redacción tiene menos de cinco errores de ortografía.
Ponderación: 1 punto	0.4	0.6	0.8	1.0
2. Aspectos formales. ¿Se siguen los aspectos formales de la entrevista?	Se indica en la entrevista: título, institución, municipio, fecha y autor	El título es pertinente y está acorde con el problema o tema que se aborda en la entrevista. Se indica la persona o persona o personas entrevistadas	El título, subtítulos de la entrevista, fecha, municipio y autor están redactados de acuerdo con las reglas de ortografía.	Se indica la referencia o referencias del documento empleado para elaborar la Introducción y las preguntas, de acuerdo con las normas APA, última edición.
Ponderación: 1	0.4	0.6	0.8	1.0

3. Introducción. ¿Se describe la Introducción de la entrevista abordando un problema del contexto?	En la Introducción se indica el propósito y/o las características de la persona a entrevistar.	En la Introducción se describe el propósito de la entrevista, acorde con un problema del contexto. Se describe la persona o personas a las cuales se dirige la entrevista.	En la Introducción se argumenta el propósito de la entrevista y las preguntas, de acuerdo con un problema del contexto. Se tuvo en cuenta un documento riguroso y confiable sobre el problema a partir de su búsqueda en internet.	En la Introducción se explica la importancia de contribuir a resolver el problema para mejorar la calidad de vida, contribuir a la sociedad, promover la economía o lograr el desarrollo social sostenible.
Ponderación: 1	0.4	0.6	0.8	1.0
4. Preguntas centrales. ¿Se describen las preguntas centrales considerando el problema del contexto abordado en la Introducción?	Se formulan preguntas.	Se formulan preguntas centrales.	Las preguntas centrales están relacionadas con el propósito de la entrevista.	Las preguntas siguen un orden lógico y son potencialmente comprensibles por la persona entrevistada. Hay al menos una pregunta creativa o diferente que puede lograr impacto en recoger información clave del entrevistado.
Ponderación: 1	0.4	0.6	0.8	1.0
5. Preguntas de apoyo. ¿Se plantean preguntas de apoyo para llevar a cabo la entrevista?	Se formulan preguntas	Se formulan preguntas de apoyo, como, por ejemplo: Hola, ¿qué tal se encuentra? ¿A qué se dedica usted? ¿Qué experiencia tiene respecto al problema? ¿Qué le gustaría añadir frente a lo que se ha dialogado?	Las preguntas de apoyo se articulan con las preguntas centrales. Las preguntas siguen un orden lógico y son potencialmente comprensibles por la persona entrevistada.	Las preguntas de apoyo son pertinentes y tienen un potencial impacto para asegurar el éxito de la entrevista.
Ponderación: 1	0.4	0.6	0.8	1.0

6. Ortografía de las preguntas. ¿En qué medida la redacción de la Introducción y de las preguntas de la entrevista está acorde con la ortografía del español?	La Introducción y las preguntas tienen muchos elementos que no se comprenden por dificultades en la articulación de las palabras y errores ortográficos.	En general, se comprende la esencia de la Introducción y de las preguntas, pero hay errores de ortografía que deben corregirse. Se detectan más de 15 errores. Hay un uso adecuado de los signos de interrogación y de exclamación.	Hay articulación de las palabras y oraciones en cada pregunta. Se comprende bien la Introducción y todas las preguntas. Hay entre cinco y 15 errores de ortografía.	La redacción facilita la comprensión de la Introducción y las preguntas. Hay menos de cinco errores de ortografía. Para mejorar la redacción, se emplean recursos en internet como la Real Academia Española y ejemplos.
Ponderación: 2	0.5	1.0	1.5	2.0
7. Ortografía de las respuestas. ¿En qué medida la redacción de las respuestas dadas por la persona o personas entrevistadas están acordes con la ortografía del español?	La redacción escrita de las respuestas dadas por la persona o personas entrevistadas tiene muchos elementos que no se comprenden por dificultades en la articulación de las palabras y errores ortográficos.	En general, se comprende la esencia de las respuestas, pero hay errores de ortografía que deben corregirse. Se detectan más de 15 errores.	Se comprende cada oración en las respuestas dadas por la persona o personas entrevistadas. Se emplea el punto y la coma. Hay entre cinco y 15 errores de ortografía.	La redacción de las respuestas facilita la comprensión de la información. Hay menos de cinco errores de ortografía. Para mejorar la redacción de las respuestas, se emplean recursos en internet como la Real Academia Española y ejemplos. Hay un uso adecuado de los signos de exclamación en algunas respuestas.
Ponderación: 3	0.5	1.0	2.0	3.0
Evaluación	Logros	Sugerencias		
Autoevaluación				
Coevaluación				
Heteroevaluación				

TAREA EVALUATIVA 2. PERTINENCIA DE LAS ACTIVIDADES

Una vez se elabora la planeación didáctica considerando el diagnóstico del grupo, el paso que sigue es revisar, comprender y responder la tarea evaluativa 2 en un documento en Word (puede seguir el formato que está en el Anexo 2)

Justifique la pertinencia de las actividades incluidas en la situación de aprendizaje que diseñó, en relación con las características de sus alumnos y los contextos identificados en su diagnóstico.

Preguntas de andamiaje:

1. ¿Cuáles son las actividades de aprendizaje que incluyó en su situación de aprendizaje?

2. ¿Cómo relaciona usted las características de desarrollo y de aprendizaje de sus alumnos con las actividades y la situación de aprendizaje?

3. ¿Cómo tomó en consideración los contextos escolar, familiar y sociocultural, descritos en su diagnóstico, al diseñar la situación de aprendizaje?

4. ¿En qué medida considera usted que las actividades que incluyó en la situación de aprendizaje son pertinentes respecto a las características de sus alumnos y los contextos identificados en el diagnóstico?

Esquema sugerido para responder:

A continuación, se presenta un esquema sugerido para responder la tarea evaluativa con sus preguntas de andamiaje. Se puede elaborar uno o varios párrafos para responder cada pregunta. Inicie la respuesta retomando la pregunta.

- En mi planeación, ¿cuáles son las actividades de aprendizaje que incluyó en su situación de aprendizaje?

- ¿Cómo abordé en mi planeación didáctica las características del desarrollo cognitivo de mis alumnos?

- ¿Cómo abordé en mi planeación didáctica las características del desarrollo socioemocional y social de mis alumnos?

- ¿Cómo abordé en mi planeación didáctica las características del desarrollo físico y los procesos de salud de mis alumnos?

- ¿Cómo abordé en mi planeación didáctica las competencias básicas de mis alumnos respecto a la comprensión de lectura, la redacción de textos y el cálculo?

- ¿Cómo abordé en mi planeación didáctica los estilos y ritmos de aprendizaje de mis alumnos?

- ¿Cómo abordé en mi planeación didáctica las necesidades de aprendizaje y los intereses de mis alumnos?

- ¿Cómo abordé en mi planeación didáctica las características del contexto escolar?

- ¿Cómo abordé en mi planeación didáctica las características del contexto familiar?

- ¿Cómo abordé en mi planeación didáctica las características del contexto sociocultural?

Respuesta:

En mi planeación incluí las siguientes actividades de aprendizaje con base en la metodología socioformativa centrada en la resolución de un problema del contexto por medio de la colaboración: 1) la motivación de los alumnos frente al problema de la violencia en la comunidad a través de un video, con el fin de fortalecer el interés por el estudio, el cual es bajo en el grupo; 2) la activación y reconocimiento de los saberes previos por medio del análisis de un caso que aborda el problema; 3) la comprensión de la entrevista y la forma de llevarla a cabo por medio de la lectura de un apartado del libro de texto, considerando la rúbrica de evaluación; 4) la elaboración de la introducción y las preguntas centrales y de apoyo por medio de un ejemplo ilustrativo, con el fin de indagar información en un familiar en torno a cómo protegerse frente a la violencia; 5) aplicación de la entrevista a un familia, amigo de la familia o vecino, con la redacción de las respuestas por escrito; 6) revisión y mejora de las respuestas buscando la comprensión; y 7) la socialización de la entrevista realizada con los pares y la familia, con el fin de compartir algunas acciones para protegerse frente a la violencia que se está viviendo en la colonia.

En mi planeación didáctica elaborada tuve en cuenta las características del desarrollo cognitivo de mis alumnos a través de las siguientes acciones: 1) procuré enfocarme en un producto relacionado con un problema de la vida cotidiana que les está afectando, como lo es la violencia, dado que todavía la mayoría de alumnos se encuentran en la etapa de las operaciones concretas, y el aprendizaje debe ser a través de objetos y situaciones de su entorno, con problemas sencillos; 2) para abordar el producto, me basé en que los alumnos tuviesen un ejemplo de una entrevista elaborada por otro alumno, lo cual ayuda en su etapa de desarrollo; 3) propuse actividades para que los estudiantes desarrollaran el análisis y la argumentación a través de la elaboración de la Introducción y las preguntas de la entrevista; y 4) planifiqué las tareas por periodos cortos (entre 10 y 25 minutos), paso a paso, para que los alumnos las puedan terminar y de esta manera se fortalezca la concentración y la laboriosidad.

Propongo en mi planeación didáctica las siguientes actividades para fortalecer el desarrollo socioemocional de los alumnos, de acuerdo con las dificultades encontradas en el diagnóstico. En primer lugar, se proponen actividades para fortalecer la autonomía, tales como: 1) realización de la entrevista a un familiar, amigo de la familia o vecino de manera individual; 2) redacción de las respuestas de manera individual; 3) posibilidad de agregar nuevas preguntas, para que el estudiante personalice la entrevista; y 4) mejora de la entrevista con base en la retroalimentación de un compañero del grupo. Con relación a la automotivación, se proponen actividades en las cuales los alumnos pueden entregar los trabajos revisados, dado que se les brinda varias oportunidades para lograr el nivel aceptable o la excelencia. Finalmente, se busca fortalecer el autoconocimiento a partir de la autoevaluación que cada alumno va haciendo de su producto desde el inicio con apoyo en la rúbrica, la coevaluación de un compañero y la heteroevaluación del docente. Esto contribuirá a que conozcan mejor sus logros y áreas de oportunidad. Respecto al desarrollo social, se buscó el trabajo colaborativo durante varias sesiones para fortalecer la interacción cara a cara que está disminuyendo debido al énfasis en las redes sociales y video-juegos. Para ello, no solo se les pide que conformen un equipo, sino que se les orienta en torno a cómo tener una identidad con un nombre, el establecimiento de roles y la resolución de posibles conflictos.

En la parte del desarrollo físico no abordé actividades puntuales dado que todos tienen el nivel esperado para su edad. Respecto a la salud, el diagnóstico muestra que hay cerca de un 35% de alumnos con sobrepeso, el cual se asocia al sedentarismo. Para superar esto, les asigné la realización de la entrevista para salir un poco del sedentarismo de estar solo con videojuegos en el hogar.

De acuerdo con el diagnóstico, una de las mayores dificultades en el grupo es la redacción de textos, ya que un 40% de los estudiantes está en el nivel de alerta. Para contribuir a superar esta dificultad, se orientó el producto central de la secuencia didáctica a la parte escrita, de allí que se dé un amplio valor a aspectos como la planeación de la entrevista (introducción y preguntas) y la redacción textual de las respuestas dadas por la persona entrevistada. Esto está en la misma línea establecida por el Consejo Técnico Escolar a través de la Ruta de Mejora, que propone orientar al menos un 70% de los productos de todas las asignaturas a través de la redacción.

De acuerdo con el diagnóstico, en el grupo predominaron dos estilos de aprendizaje, que fueron el pragmático y el activo. Es por ello, que desde el inicio se abordaron estos estilos a través de actividades centradas en el logro del producto central, de manera sencilla y que aportasen a este producto. Las actividades teóricas fueron mínimas ante el poco predominio de este estilo de aprendizaje entre los alumnos que conforman el grupo.

En el grupo no se tienen alumnos con necesidades educativas especiales y por ello no hubo necesidad de realizar adaptaciones en las actividades o el instrumento de evaluación. Sin embargo, se tiene previsto que aquellos estudiantes que presenten más dificultades de redacción puedan focalizarse más en esto hasta el final y no abordar algunas actividades de metacognición y socialización. Respecto a los intereses de los alumnos, sobresalen aquellos relacionados con lo digital. Esto se abordó mediante algunas actividades con apoyo en el celular, tales como la consulta en internet sobre el tema de la violencia en el estado y compartir una síntesis de la entrevista por medio de una red social con los pares.

Las características del contexto escolar las abordé supliendo la falta de proyector, computadores, materiales sobre el tema de la violencia y falta de manuales de apoyo para mejorar la redacción con el empleo de los celulares por parte de los alumnos y el uso de la red wifi que está en buenas condiciones. Además, en la planeación se propone el empleo del libro de texto de Español I que trae una entrevista detallada, y esto será de gran utilidad para mis alumnos por la predominancia de los estilos de aprendizaje pragmático y activo.

En el diagnóstico del grupo encontré que, aunque la madre responde en la mayoría de los casos por la educación de los hijos, falta mayor compromiso del padre y es necesario que se implementen acciones para mejorar la convivencia en el 26% de las familias que manifiesta dificultades en este aspecto. Para abordar este punto, les asigné a los alumnos una actividad en el momento de cierre, consistente en compartir con todos los integrantes de su familia, incluido el papá, la síntesis de la entrevista con acciones concretas para cuidarse y protegerse de la violencia.

El contexto sociocultural se abordó en la planeación didáctica mediante las siguientes actividades: 1) orientación del proceso de formación y evaluación del aprendizaje esperado mediante un problema del contexto como es la violencia que ha aumentado en la colonia donde está la escuela; 2) elaboración de un producto central enfocado en una entrevista para recoger saberes de las familias sobre cómo protegerse de la violencia que se está viviendo en el entorno; y 3) apoyo al alumno que proviene de una comunidad indígena con la asignación de un compañero de alto desempeño en producción textual para que le ayude como tutor en la redacción de la entrevista, que es donde se le dificulta más.

TAREA EVALUATIVA TENTATIVA 3. ENFOQUE DIDÁCTICO

Justifique cómo las actividades planeadas en su secuencia didáctica corresponden con el enfoque didáctico de la asignatura que imparte a sus alumnos.

Preguntas de andamiaje:

1. ¿Cuáles son las características de las actividades que consideró en su planeación didáctica? (esta pregunta se ha modificado para que sirva a todos los niveles)

2. ¿De qué manera las actividades planeadas retoman las orientaciones pedagógicas y didácticas del enfoque de la asignatura?

3. ¿Cómo las actividades de su secuencia didáctica favorecerán el logro de los aprendizajes esperados?

Guion sugerido para responder (en la respuesta se pueden quitar las preguntas):

- ¿Cómo abordé en la planeación didáctica el aprendizaje significativo, contextual, socialmente construido y situado?

- ¿Cómo abordé en la planeación didáctica los saberes previos de los alumnos

- ¿Cómo abordé en la planeación didáctica el trabajo colaborativo?

- ¿Cómo las actividades de la planeación didáctica favorecerán el logro del aprendizaje esperado propuesto?

Ejemplo de respuesta:

En la planeación didáctica propuesta abordo el constructivismo y la antropología cultural, que son los referentes pedagógicos de la asignatura, con base en una práctica social del lenguaje, como es la realización de una entrevista. Esto se hace considerando un problema del entorno que actualmente está afectando a los alumnos, como es el crecimiento de los actos de violencia en la colonia por parte de diversos grupos y la necesidad de implementar acciones de prevención frente a ellos. De esta manera, los estudiantes conocerán el valor de esta práctica social y aprenderán de una manera significativa y situada. Además, en las actividades se busca que los alumnos construyeran el conocimiento a partir del descubrimiento guiado (los alumnos se apropian de los conceptos y procedimientos en función de los requerimientos que tiene el problema del contexto, con base en la lectura, el diálogo y la interacción, mientras que el docente les brinda asesoría continua). Todo está centrado en el estudiante como protagonista del aprendizaje y no en el docente.

En la planeación didáctica se abordan los saberes previos de los estudiantes mediante la estrategia del análisis de caso para activar los saberes previos sobre el tema, y luego considerar estos en las actividades del desarrollo. Para ello, se proponen en las actividades de inicio el análisis en equipo de una entrevista que trae el libro de texto, para que los alumnos identifiquen los logros y los puntos por mejorar en aspectos tales como: el propósito de la entrevista, la presentación de la persona entrevistada, la formulación de las preguntas y la redacción de las respuestas.

En la planeación didáctica se aborda el trabajo colaborativo mediante las siguientes acciones: 1) se proponen varias actividades en equipo, como el análisis de saberes previos, la comprensión de lo que es una entrevista y la elaboración de las preguntas; 2) los equipos conformados al inicio tendrán continuidad para que los alumnos puedan desempeñar diferentes roles y se fortalezca la interacción; 3) a los equipos se les orientará sobre cómo trabajar de manera coordinada mediante roles, siguiendo el enfoque socioformativo; y 4) en las actividades individuales habrá también colaboración mediante la coevaluación de la redacción de las respuestas a la entrevista y la tutoría de pares para los alumnos con mayores dificultades.

Las actividades propuestas en la planeación didáctica favorecerán el logro del aprendizaje esperado debido a que las acciones se centran en que los alumnos elaboren una entrevista paso a paso, con todos sus componentes, por medio de la resolución de un problema del contexto: ¿cómo protegerse frente a la violencia?, el cual es de interés en la mayoría de los alumnos. Para ello, se proponen acciones como: 1) comprensión del concepto de entrevista mediante una lectura y el análisis de un ejemplo; 2) elaboración de la introducción y las preguntas; y 3) mejora de la redacción hasta lograr como mínimo el nivel aceptable o satisfactorio, con varias oportunidades de mejora, debido a que la mayoría de los alumnos tiene dificultades de redacción.

AUTOEVALUACIÓN DE LAS TAREAS EVALUATIVAS DEL MOMENTO 1

Autoevalúe las respuestas a las tareas evaluativas del momento 1 con base en la lista de cotejo de la Tabla 34.

Tabla 34. Autoevaluación de las respuestas a las tareas evaluativas del momento 1			
Indicador	Se presenta	No se presenta	Sugerencias
1. La justificación de la pertinencia de las actividades de aprendizaje incluidas en la planeación didáctica considera al alumno como protagonista, el aprendizaje esperado y el tiempo establecido.			

2. La argumentación de la pertinencia de las actividades de aprendizaje tiene en cuenta el diagnóstico del contexto escolar, familiar y sociocultural.			
3. La argumentación de la pertinencia de las actividades de aprendizaje se basa en las características del desarrollo cognitivo, socioemocional, físico y social de los alumnos, como también en los procesos de aprendizaje (estilos y ritmos de aprendizaje, saberes previos, necesidades educativas especiales, etc.).			
4. La argumentación de la pertinencia de las actividades de aprendizaje propuestas considera los principios pedagógicos del modelo que se siga (Acuerdo 592 o Nuevo Modelo Educativo).			
5. La argumentación de la pertinencia de las actividades de aprendizaje propuestas considera la experiencia docente en el área o los referentes teóricos de la pedagogía.			
6. La justificación de las respuestas se basa en la exposición de argumentos. Es decir, se expone una idea central y se explica con una, dos o más ideas de apoyo, haciendo referencia siempre al diagnóstico, a la planeación didáctica y al modelo educativo que se siga.			

EJERCICIO DE APLICACIÓN: PUESTA EN PRÁCTICA

Con base en el formato descrito en el Anexo 1, elabore el diagnóstico del grupo considerando los procesos de desarrollo y aprendizaje, como también el contexto escolar, familiar y sociocultural. A continuación, aborde la Tarea Evaluativa 1, que consiste en planificar el proyecto de enseñanza. Antes de hacerlo, por favor revise la rúbrica propuesta para la evaluación de este, que se encuentra en un apartado anterior. Finalmente, responda las demás tareas evaluativas mediante un escrito en Word. Una vez lleve a cabo esto, someta a coevaluación los productos, reciba retroalimentación e implemente las mejoras necesarias. Es importante que esto se lleve a cabo en el marco de un proceso colaborativo, donde los maestros se apoyen los unos a los otros, buscando mejorar la práctica pedagógica.

Finalmente, realice una reflexión sobre la práctica llevada a cabo: ¿Qué logros tiene en la comprensión y aplicación del proceso de planeación de un proyecto de enseñanza? ¿En qué debe seguir mejorando?

INTERVENCIÓN DOCENTE

Aprendizaje esperado:

Ejecuta la intervención docente y sistematiza las evidencias solicitadas en la evaluación del desempeño, con base en el trabajo con los alumnos y la reflexión continua.

INTRODUCCIÓN

En este módulo 2 se aborda el proceso de intervención docente, que constituye el segundo momento en el proyecto de enseñanza. Consiste en ejecutar las actividades propuestas en la planeación didáctica establecidas en el Momento 1 considerando las características del grupo, sistematizar tres evidencias que den cuenta de la práctica llevada a cabo con los alumnos y responder las tareas evaluativas con el apoyo de las preguntas de andamiaje. La ejecución de las actividades puede incorporar ajustes en función de las necesidades o situaciones imprevistas que sucedan con el fin de asegurar el logro de los aprendizajes esperados y que el proceso sea pertinente. Si se hacen modificaciones, se deben describir y explicar. A continuación, se explica el momento 2 siguiendo el mismo orden de trabajo en la plataforma.

ANÁLISIS DE CASO

En el marco de la planeación didáctica presentada por la maestra de Español I Adriana Silva Giménez, en torno al proyecto "Los jóvenes por la con-vivencia", la profesora sistematizó la siguiente evidencia en el Momento II:

Asignatura: Español I

Aprendizaje esperado: Entrevista a una persona relevante de su localidad.

Evidencia 1. Organización de los recursos

"Presentó a continuación la evidencia de administración del tiempo, consistente en un registro de las actividades realizadas en cada sesión:

Sesión	Actividades realizadas	Grado de cumplimiento de la planeación
1	-Toma de asistencia -Presentación del video -Asignación de un análisis de saberes previos -Lectura del libro de texto y comprensión del concepto de entrevista	80% Se dejó el análisis de la rúbrica para la sesión siguiente porque la mayoría se demoró más tiempo en la lectura.
2	-Comprensión del producto a lograr -Revisión y comprensión de la rúbrica -Redacción de la introducción -Redacción de las preguntas	60% Se dejó para la casa terminar de redactar las preguntas y mejorar esto
3	-Evaluación y mejora de la Introducción y de las preguntas -Planeación de la aplicación de la entrevista -Asignación de la realización de la entrevista -Paso de audio a texto con una aplicación para celular o computador	70%
4	-Redacción de las preguntas -Evaluación y mejora de las respuestas escritas a las preguntas	75%
5	-Revisión y mejora de la redacción escrita de las respuestas a las preguntas -Socialización de las acciones para cuidarse de la violencia con los pares -Se dejó como tarea la socialización con la familia	70%

Para constancia, se firma a los 2 días del mes de octubre del 2018
Firma: Adriana Silva Giménez

Con base en esta evidencia, por favor, señale el análisis más pertinente frente a lo realizado por la maestra.

a. Lo que presenta la maestra no es pertinente bajo ningún punto de vista. No tiene nada que ver con lo que se pide en el Momento II respecto a la primera evidencia.

b. Lo que presenta la maestra es totalmente pertinente y no hay que hacerle ninguna mejora.

c. Lo que presenta la maestra corresponde a otra evidencia, no a la primera evidencia que debe sistematizarse en el Momento II.

d. Lo que presenta la maestra es pertinente en parte, pero se debe mejorar.

A continuación, encontrará un análisis de cada opción para que lo compare con la respuesta dada por usted.

Opción	Valor	Explicación
a	INCORRECTO	Lo que presenta la maestra tiene que ver con la organización del tiempo y la manera cómo distribuyó el espacio, pero es incompleto y le faltó la contextualización y la relación con el aprendizaje de los alumnos.
b	INCORRECTO	Lo que presenta la maestra no es totalmente pertinente porque todo está dado desde su visión, no se enfoca en presentar una evidencia desde el trabajo con los alumnos y su relación con el aprendizaje.
c	INCORRECTO	Lo que presenta la maestra tiene relación con la primera evidencia, solo que es algo incompleto.
d	CORRECTO	Esta es la opción correcta. Lo que presenta la maestra es un avance, un primer trabajo, pero está incompleto para que se corresponda con lo solicitado en la evidencia 1. Se requiere describir la evidencia, establecer la relación con el diagnóstico y abordarla desde los alumnos.

EJECUCIÓN DEL PROYECTO DE ENSEÑANZA

El momento 2 inicia con la ejecución de las actividades propuestas en la planeación didáctica del Momento 1, de acuerdo con el número de sesiones establecidas. Esto debe hacerse considerando el contexto de cada grupo con el cual se trabaja (aspectos del desarrollo cognitivo, psicológico y social; procesos de aprendizaje; y elementos escolares, familiares y socioculturales). A medida que se implementan las actividades con los alumnos pueden hacerse ajustes si son necesarios para el logro del aprendizaje esperado. Esto debe describirse y argumentarse.

Figura 6. Proceso de intervención docente

En la ejecución del proyecto de enseñanza, el docente debe ser un mediador. Esto significa buscar que los estudiantes aprendan a resolver el problema del contexto establecido en la planeación mediante el logro de un producto central de aplicación, considerando el aprendizaje esperado que se tiene como meta. Esto requiere que los alumnos comprendan muy bien las actividades antes de su ejecución, trabajen de manera colaborativa y estén en una continua mejora, con el apoyo del docente, los pares y la familia. En la Figura 7 se sintetizan las acciones básicas de la mediación.

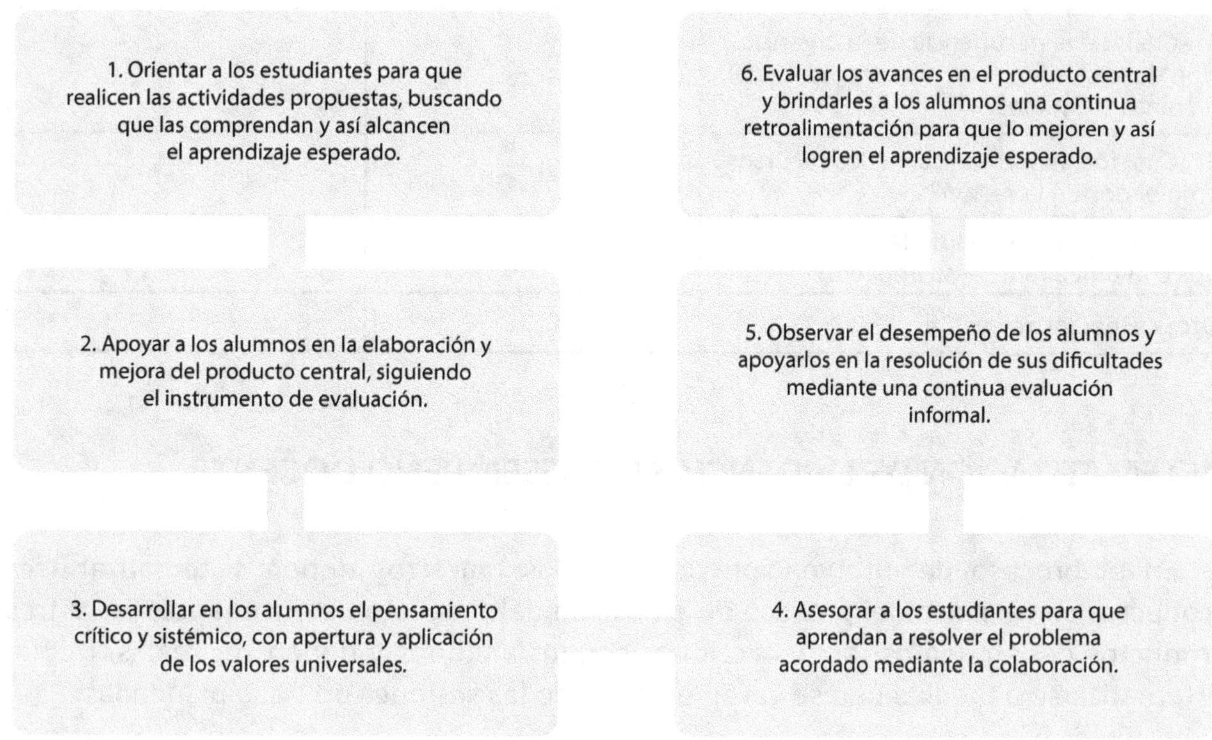

Figura 7. Acciones de la intervención docente

METACOGNICIÓN EN CADA SESIÓN

Durante la ejecución del proyecto de enseñanza se sugiere llevar un diario de campo en cada sesión con el fin de reflexionar sobre el desempeño e implementar mejoras continuas que beneficien a los alumnos. Esto será esencial para responder las tareas evaluativas tanto del momento 2 como del momento 3. En la Tabla 35 se presenta un formato para orientar el diario de campo y la metacognición al final de cada sesión.

Tabla 35. Metacognición de cada sesión		
Indicador	Logros	Aspectos por mejorar
1. ¿Cuál fue la pertinencia de las actividades en función de la planeación didáctica?		
2. ¿Cuál fue la motivación y disposición de los alumnos durante la clase?		
3. ¿Cuál fue la pertinencia de la organización de los alumnos de manera individual, en binas o equipos?		
4. ¿Cuál fue la pertinencia de los recursos empleados en la sesión?		
5. ¿Cuál fue el apoyo brindado a los alumnos con dificultades y su impacto?		
Otros aspectos relevantes		

SISTEMATIZACIÓN DE EVIDENCIAS DE DESEMPEÑO DOCENTE

En el proceso de intervención docente, los maestros deben sistematizar tres productos como parte del proceso de ejecución del proyecto de enseñanza. Estos tres productos deben demostrar sus acciones con los alumnos y deben ser reales. Deben sistematizarse a medida que se vayan ejecutando las sesiones de clase planeadas.

Evidencias que se deben sistematizar y subir a la plataforma de la SEP:

1. Evidencia 1. Ilustrar la manera como administró el tiempo, utilizó los espacios y aprovechó tanto los materiales didácticos como las herramientas disponibles en su contexto para favorecer el aprendizaje de sus alumnos.

2. Evidencia 2. Ejemplificar la estrategia de evaluación que utilizó a lo largo de su intervención para dar seguimiento al aprendizaje del grupo e identificar su nivel de logro respecto al aprendizaje esperado que articuló la secuencia didáctica.

3. Evidencia 3. Mostrar la retroalimentación que proporcionó a sus alumnas y alumnos durante el proceso y al finalizar el desarrollo de la secuencia didáctica, con el propósito de favorecer su aprendizaje.

En la plataforma de evaluación del proyecto de enseñanza, se deben subir estas tres evidencias. A partir de ello, se responden las tareas evaluativas del Momento II considerando las preguntas de anclaje.

Características de las evidencias del desempeño docente:

1. Ser de naturaleza tangible y demostrable.

2. Responder a la ejecución del proyecto de enseñanza.

3. Dar cuenta del desempeño docente con los alumnos.

4. Mostrar el impacto de la intervención docente.

Sistematización de las evidencias en la plataforma de la SEP:

Se deben recolectar y sistematizar las tres evidencias del desempeño docente, y luego subirlas a la plataforma en el espacio correspondiente. Cada evidencia debe cumplir con los siguientes elementos:

1. Cada evidencia debe contener un texto con los siguientes elementos: descripción de la evidencia, ubicación en la secuencia didáctica presentada en el Momento 1 y argumentación de la relación con el diagnóstico (Ver Tabla 36).

2. Considerar el logro del aprendizaje esperado.

3. Seguir el formato de presentación de las evidencias que está en la Guía Técnica y subir a la plataforma. Esencialmente, se deben subir en formato PDF o imagen.

Tabla 36. Sistematización de las evidencias de desempeño docente		
Evidencia de desempeño docente	Ejemplos de evidencias	Descripción de las evidencias que aporta. Ubicación de la evidencia en la planeación didáctica. Relación de la evidencia con el diagnóstico del grupo.
Evidencia 1. Organización de recursos	-Administración del tiempo: agendas, horarios, plan de trabajo, registros de los alumnos, seguimiento a la implementación de la planeación didáctica, etc. -Administración de los espacios: formas de organización de los alumnos, espacios empleados, registro del uso de los espacios, valoración de los espacios por parte de los alumnos, etc. -Materiales didácticos: uso el libro de texto, uso de la biblioteca del aula, empleo de la biblioteca escolar, uso de los computadores, acceso a internet, uso del aula multimedios, etc.	
Evidencia 2. Ejemplificación de la estrategia de evaluación	-Acciones de evaluación: momento de la evaluación, observación de los alumnos, propósitos de la evaluación, registros de la evaluación en cada sesión, etc. -Técnicas: autoevaluación, coevaluación, heteroevaluación, registro del desempeño, análisis de casos, etc. -Instrumentos: pruebas, cuestionarios, encuestas, registros de observación, listas de cotejo, rúbricas, etc.	
Evidencia 3. Retroalimentación brindada a los alumnos	-Ejemplo de retroalimentación en el análisis de saberes previos -Ejemplo de retroalimentación en la evaluación continua -Ejemplo de retroalimentación en la mejora del producto -Ejemplo de retroalimentación en la evaluación final o sumativa.	

TAREAS EVALUATIVAS TENTATIVAS

Una vez se sistematizan las evidencias y se suben a la plataforma, deben responderse varias tareas evaluativas, considerando cada evidencia subida. A continuación, se muestran algunas tareas tentativas, porque las tareas reales todavía no se conocen. Las tareas reales en la plataforma serán similares a estas.

TAREA EVALUATIVA TENTATIVA 4. ARGUMENTACIÓN EN TORNO A LA ADMINISTRACIÓN DE LOS RECURSOS Y SU IMPACTO EN EL APRENDIZAJE.

Esta tarea responde a la evidencia 1: organización que hizo de los recursos disponibles en su contexto y que favorecieron el logro del propósito o aprendizaje esperado.

Descripción tentativa de la tarea:

Justifique de qué forma la organización que hizo de los recursos (tiempo, espacio y materiales didácticos) disponibles en el contexto escolar, atendió las necesidades educativas y la diversidad de sus alumnos para favorecer el logro de los aprendizajes esperados. Mencione los ajustes realizados en su planeación durante la implementación.

Sustente su respuesta en la primera evidencia seleccionada.

Preguntas de andamiaje:

Para resolver la tarea 4, considere las siguientes preguntas de andamiaje (preguntas orientadoras):

1. ¿Cómo el uso de los materiales didácticos le permitió atender la diversidad (condiciones personales, lingüísticas o culturales) de sus alumnos?

2. ¿De qué manera la distribución y organización que dispuso de los espacios escolares facilitaron la atención a las necesidades educativas?

3. ¿De qué forma el tiempo establecido para las actividades de la secuencia didáctica, le permitió dar seguimiento al avance del aprendizaje de los alumnos?

Ejemplo de respuesta:

Usé materiales enfocados en los estilos pragmático y activo, que fueron los predominantes en el diagnóstico del grupo a partir de la aplicación del Cuestionario de Estilos de Aprendizaje de Kolb. Los alumnos con un estilo de aprendizaje pragmático se caracterizan por centrarse en resolver problemas en el contexto, aprender mediante ejemplos, aplicar lo aprendido, aprender haciendo con base en la experimentación, apegarse a la realidad, ponerse a trabajar y no debatir o analizar ideas o conceptos. Por su parte, los estudiantes con un estilo de aprendizaje activo son aquellos que prefieren actuar en el contexto y no reflexionar, prefieren las actividades cortas y dinámicas, se lanzan a la acción sin pensar mucho. Por ello, los recursos que utilicé buscaron considerar estos estilos de aprendizaje: 1) se inició el trabajo con los alumnos observando un video en sus celulares, con el fin de hacer una sensibilización frente al problema, lo cual es importante para el estilo de aprendizaje pragmático; 2) el análisis de saberes previos se llevó a cabo mediante un caso concreto; 3) la comprensión de lo que es una entrevista y sus pasos se hizo mediante la revisión de un ejemplo real del libro de texto; y 4) los alumnos tuvieron una rúbrica para ir evaluando sus avances en la elaboración de la entrevista. Para quienes tenían un estilo de aprendizaje teórico y reflexivo, se les insistió en leer otros apartados del libro de texto sobre la entrevista, y a reflexionar con más profundidad sobre su producto.

Al ser el aula mediana, se posibilitó el trabajo tanto individual como en equipos de tres integrantes, lo cual se hizo de manera intercalada durante las cinco sesiones. El trabajo individual fue necesario para que cada alumno perfeccionara la redacción escrita, algo en lo cual la mayoría presentó un nivel muy bajo en la evaluación de diagnóstico hecha a comienzos del ciclo escolar. Al mismo tiempo, se buscó el trabajo en equipo para estimular el apoyo mutuo, la interacción cara a cara y una mejor comprensión de los ejemplos, dado que en el diagnóstico se encontró que un 35% tiene poco interés en relacionarse con los demás de manera presencial por el predominio de las redes sociales y los videojuegos. En la conformación de los equipos, procuré que estuviesen alumnos con dificultades en la redacción escrita junto a alumnos con mejores capacidades en esta área, aunque fue difícil porque una gran cantidad de estudiantes tiene problemas en este aspecto.

Todo el trabajo se hizo en el aula, ya que en el diagnóstico se pudo determinar que no hay aula multiusos. Para ello, uno de los recursos empleados fue el celular, dado que la mayoría de los alumnos tiene un equipo y en la escuela se posee conexión de wifi. Se enfatizó en su uso correcto y como herramienta para resolver problemas, vivir mejor y apoyar a los demás. Es así como la primera actividad inició con la visualización de un video enviado por las redes sociales sobre el problema de la violencia en el estado. Luego, emplearon el celular para revisar un ejemplo enviado por mí a través del correo electrónico, con el fin de identificar sus saberes previos. En la parte final, compartieron acciones puntuales para protegerse de la violencia con pares y familiares por medio de las redes sociales, algo que a la mayoría les interesa, tal y como puede verse en el diagnóstico. El empleo de las redes sociales por parte de los estudiantes ha sido para compartir juegos, chismes, deportes, canciones, pero no para apoyarse en el aprendizaje o en la resolución de problemas. Esto se comenzó a cambiar durante las sesiones con el fin de emplear las redes sociales para mejorar la convivencia y promover la resolución de problemas en el contexto, como es la esencia del enfoque socioformativo que seguí.

Con relación al uso del tiempo, en la planeación didáctica se propusieron cinco sesiones de clase dado que los alumnos en el diagnóstico presentaron notables dificultades en la redacción. Durante las cinco sesiones, los alumnos aprendieron a elaborar una entrevista sencilla y mejorar el empleo del punto y la coma, en un nivel Suficiente. En el 70% de los alumnos, las actividades se hicieron en el tiempo programado, y con el 30% restante se brindó más tiempo a la redacción de las respuestas, para lo cual se les quitó lo planeado en la sesión de socialización. Esta se redujo a compartir de forma breve el trabajo con otro alumno. Además, la vinculación realizada con Formación Cívica y Ética posibilitó dos sesiones adicionales para mejorar el producto de la entrevista mediante una mejor comprensión del tema de la violencia y la paz, y la mejora tanto de las preguntas como las respuestas.

TAREA EVALUATIVA TENTATIVA 5. ARGUMENTACIÓN DE LA ESTRATEGIA EVALUATIVA IMPLEMENTADA CON LOS ESTUDIANTES

Esta tarea responde a la evidencia 2: Ejemplificación de la estrategia de evaluación que utilizó a lo largo de su intervención para identificar el nivel de logro del aprendizaje de los alumnos

Tarea evaluativa que se debe responder en la Evidencia 2.

Descripción tentativa de la tarea:

Argumente de qué forma la estrategia de evaluación (acciones, técnicas e instrumentos) implementada le permitió identificar el nivel de logro del aprendizaje de sus alumnos. Sustente su respuesta en la segunda evidencia seleccionada.

Preguntas de andamiaje:

Para resolver la tarea 5, considere las siguientes preguntas de andamiaje (preguntas orientadoras):

1. ¿Qué acciones, técnicas e instrumentos empleó durante la implementación de su secuencia didáctica para evaluar los avances en el aprendizaje de sus alumnos?

2. ¿Qué elementos tomó en cuenta para seleccionar las acciones, técnicas e instrumentos de evaluación utilizados en su secuencia didáctica?

3. ¿Por qué considera que las acciones, técnicas e instrumentos de evaluación empleados le permitieron identificar los avances de sus alumnos?

Ejemplo de respuesta:

El aprendizaje esperado establecido en la planeación didáctica presentada en el momento 1 fue: "Entrevista a una persona relevante de su localidad". Para evaluar este aprendizaje esperado, se implementó una estrategia evaluativa centrada en tres tipos de evaluación: diagnóstica, formativa y sumativa. Para ello, me enfoqué en una única evidencia para la evaluación: la presentación de una entrevista por escrito a una persona de la comunidad experta en seguridad que invité al aula para que los alumnos entrevistaran. Debido a los actos de violencia que se están dando en la colonia, no me pareció adecuado enviar a los alumnos a entrevistar personas en diferentes sitios. Además, el tiempo era corto y me enfoqué más en que aprendieran a redactar bien, que aprender sobre cómo hacer una entrevista, considerando las prioridades de la educación básica y uno de los lineamientos acordados en la primera reunión del Consejo Técnico Escolar. Los estudiantes fueron elaborando la redacción de la entrevista mediante una rúbrica que conocieron desde el inicio, y con base en esta se llevaron a cabo las diversas acciones de evaluación para lograr el mejoramiento continuo.

La evaluación diagnóstica se hizo mediante dos actividades: los comentarios escritos frente a un video de sensibilización y el análisis de un caso en la primera sesión. Respecto al video "Impacto de la Violencia en el estado", este se les envío por correo y ellos lo observaron en sus celulares. Una vez observaron el video, les invité a realizar un comentario por escrito en una hoja sobre algunas experiencias familiares o personales en torno a algún hecho de violencia que han vivido, con el fin de permitirles un medio de expresión para sensibilizarlos frente al tema y buscar acciones de protección. Al final, les pedí a algunos alumnos que han tenido sucesos de violencia en sus familias que compartieran su descripción. También observé la expresión oral y consideré esto para las siguientes sesiones. A continuación, les asigné la evaluación de una entrevista hecha por otro estudiante en el ciclo escolar pasado con el fin de que pudiesen identificar logros y aspectos a mejorar. Con ello busqué determinar cuáles eran sus saberes previos, dado que el tema se ha abordado en grados anteriores. A medida que los alumnos hacían el análisis, fui anotando algunos logros y aspectos a mejorar en varios alumnos que observé dificultades serias. También observé que a muchos estudiantes se les dificulta interactuar de manera presencial, cara a cara, con otros.

En la evaluación diagnóstica tuve en cuenta el grado de desarrollo de las competencias básicas identificadas en el diagnóstico del grupo. Es por ello que les pedí por escrito la reflexión en torno al video y el análisis de saberes previos a partir de la evaluación de una entrevista hecha por un alumno del ciclo escolar anterior. De esta manera, busqué identificar mejor a los estudiantes con dificultades para seguir apoyándoles durante el proceso. Esta forma de proceder se debe a una de las acciones con las cuales nos comprometimos todos los maestros de la escuela: contribuir a fortalecer la comunicación escrita en todas las asignaturas, enfatizando en productos escritos, de acuerdo con la Ruta de Mejora Escolar.

La evaluación continua se implementó durante las actividades del momento de Desarrollo de la secuencia didáctica con énfasis en una evidencia central: la elaboración por parte de los estudiantes de una entrevista escrita paso a paso. Se trabajó en una única evidencia con el fin de que alumnos se concentraran mejor y fortalecieran la laboriosidad, aspectos en los cuales tienen múltiples dificultades, según se puede observar en el diagnóstico que subí en el Momento 1. Además, orientar las actividades hacia la elaboración de un producto está acorde con la predominancia en el grupo del estilo pragmático, ya que en este estilo de aprendizaje se espera que las actividades tengan una utilidad práctica y se enfoquen en el logro de la meta.

La evidencia central (una entrevista por escrito a una persona de la comunidad) fue evaluada a medida que se iba elaborando con apoyo en una rúbrica analítica que les entregué y expliqué desde el inicio. Al momento de darles la rúbrica, busqué que la comprendieran, para lo cual se las expliqué paso a paso a través de la evaluación que hice en voz alta de una entrevista. Luego, les pedí que la revisaran en equipo y que anotaran los términos que no comprendían, los cuales les expliqué. A continuación, les pedí que ellos mismos evaluaran una rúbrica que trae el libro de texto aplicando todos sus indicadores. Con ello busqué fortalecer la autoevaluación, el empleo de la rúbrica y la comprensión de la estructura de una entrevista para que luego pudiesen elaborar una con calidad y pertinencia.

Con base en la rúbrica analítica que les entregué, los alumnos elaboraron en equipos la Introducción y las preguntas centrales y de apoyo, se autoevaluaron e hicieron mejoras. Esto se complementó con una actividad de coevaluación entre equipos con el fin de perfeccionar la redacción y el entendimiento en la sesión 2. Como maestra, les brindé también heteroevaluación siguiendo la misma rúbrica, para lo cual les iba indicando logros y aspectos concretos a mejorar, tratando de que ellos mismos los identificaran. De esta manera, empleé una misma rúbrica analítica para la autoevaluación, coevaluación y heteroevaluación, de tal manera que todos tuviésemos un mismo lenguaje y esto permitiera una mejor concentración. Cuando los alumnos tienen problemas de atención y concentración, como se observa en el diagnóstico, tener varios instrumentos no ayuda mucho al mejoramiento continuo.

En las sesiones 3 y 4, el énfasis estuvo en redactar las respuestas a las preguntas dadas por el experto que llevé al aula. Cada alumno seleccionó dos preguntas y transcribió las respuestas dadas por el experto a partir del audio grabado con el celular. En estas sesiones me focalicé en que aprendieran a transcribir bien las respuestas y luego que mejoraran su redacción hasta que fuese comprensible, empleando el punto y la coma, tomando como referencia la rúbrica analítica. En la sesión 4 se hizo coevaluación entre pares, buscando que los alumnos con mayores logros apoyaran a quienes tenían todavía dificultades. Esto les ayudó mucho a mejorar la redacción. También les brindé heteroevaluación con la rúbrica y les brindé sugerencias y apoyo para mejorar.

En la última sesión implementé la evaluación sumativa, con el fin de darles una nota por el desempeño logrado. Esto lo hice a partir de la presentación de la entrevista completa por parte de cada alumno, integrando lo que se hizo en equipo con la transcripción de las respuestas a las dos preguntas seleccionadas. Para esta evaluación, tomé en cuenta nuevamente la rúbrica analítica que se trabajó durante el momento de Desarrollo de la planeación didáctica. La nota de cada estudiante fue el resultado de la ponderación de los diferentes indicadores.

TAREA EVALUATIVA TENTATIVA 6. ARGUMENTACIÓN DEL IMPACTO DE LA RETROALIMENTACIÓN BRINDADA A LOS ALUMNOS

Esta tarea responde a la evidencia 3: Evidencia de la retroalimentación proporcionada a sus alumnos y que le permitió favorecer el logro de los propósitos o aprendizajes esperados.

Tarea evaluativa que se debe responder en la Evidencia 3.

Descripción tentativa de la tarea:

Justifique cómo utilizó la información derivada de la estrategia de evaluación para retroalimentar el desempeño escolar de sus alumnos. Sustente su respuesta en la tercera evidencia seleccionada.

Preguntas de andamiaje:

Para resolver la tarea 6, considere las siguientes preguntas de andamiaje (preguntas orientadoras):

1. A partir de los resultados de la evaluación, ¿qué acciones realizó para que sus alumnos conocieran sus fortalezas y áreas de oportunidad de su desempeño escolar?

2. ¿De qué forma la retroalimentación que proporcionó a los alumnos les ayudó a superar sus dificultades y lograr los aprendizajes esperados?

Ejemplo de respuesta:

Durante mi proceso de intervención docente implementé la retroalimentación desde un punto de vista procesual, es decir, desde el inicio hasta el final, en los diversos momentos de la secuencia didáctica: inicio, desarrollo y cierre, de acuerdo con los lineamientos del enfoque socioformativo que es el que aplico en mi práctica docente. En este enfoque, la retroalimentación siempre se brinda para apoyar a los alumnos en lograr el aprendizaje esperado a través de retroalimentación y apoyo continuo, considerando la resolución de un problema del contexto. Para ello, en cada sesión les indiqué a mis alumnos los logros y aspectos a mejorar en su trabajo, con base en la rúbrica analítica que empleé durante las actividades. En el Inicio, las acciones de retroalimentación se focalizaron en ayudar a los alumnos a tomar consciencia del problema de la violencia con base en la reflexión frente al video observado en la primera sesión con el fin de generar compromiso frente al trabajo que se llevó a cabo, y a identificar sus saberes previos respecto al proceso de elaborar una entrevista, tema que se abordó en el grado sexto de primaria. Esto les permitió tener familiaridad frente al tema y motivarse respecto a los nuevos aprendizajes.

Durante la fase del Desarrollo, las acciones de retroalimentación se dieron con base en el empleo de una rúbrica analítica sobre la entrevista, presentada en formato escrito. En primer lugar, acompañé a los alumnos para que se autoevaluaran a medida que iban elaborando la entrevista, tanto respecto a la introducción (presentación del problema, el propósito y la persona entrevistada) como en relación a las preguntas (centrales y de apoyo) y la redacción por escrito de las respuestas dadas por la persona que se entrevistó en el aula, que era un experto en el manejo de la seguridad y la protección contra la violencia. Este énfasis en la autoevaluación desde el inicio buscó fortalecer en los alumnos la consciencia sobre sus procesos de aprendizaje con el fin de mejorarlos, como también fortalecer las habilidades de concentración, terminación de las tareas y análisis, que son aspectos que deben fortalecer, con base en lo que se encontró en el diagnóstico. Esto lo hice a partir de una pequeña capacitación sobre el manejo de la rúbrica para evaluar la entrevista y su empleo en la autoevaluación. Esto se complementó con acciones de coevaluación en las cuales algunos alumnos con dificultades fueron evaluados y apoyados por pares con mejores logros en la redacción escrita y la estructura de una entrevista. El apoyo de los pares fue esencial para que cerca de 13 estudiantes lograran terminar la presentación por escrito de las respuestas a dos preguntas, aunque con dificultades de comprensión. Así mismo, en cada sesión les brindé retroalimentación frente al desempeño, indicándoles los logros y los aspectos concretos por mejorar en cada uno de los indicadores evaluados de la rúbrica seguida.

Al final, durante el Cierre, la retroalimentación se enfocó en ayudarles a los alumnos a identificar los aspectos a mejorar en la entrevista escrita para lograr el nivel Suficiente como mínimo (calificación de 6) como parte de la evaluación sumativa que se tenía prevista en la planeación didáctica. Esto permitió que los 13 alumnos que traían dificultades en la redacción escrita la pudiesen mejorar, para lo cual tuvieron nuevamente el apoyo de pares. Para ello, les brindé varias oportunidades en la entrega de la entrevista hasta lograr este nivel de desempeño. Con aquellos alumnos que lograron el nivel Suficiente o Satisfactorio en el momento de Desarrollo trabajé para que llegaran al menos al nivel siguiente y pudiesen obtener una nota de 8, 9 o 10. Con los alumnos que presentaban más dificultades, les permití que en la última sesión se enfocaran en mejorar y no abordé con ellos las actividades de socialización. Simplemente les dije que compartieran la entrevista con sus familias, como también su logro en la redacción.

En general, puedo decir que las acciones de retroalimentación que implementé en la ejecución de la secuencia didáctica posibilitaron que un 81% de mis alumnos lograra el aprendizaje esperado en un Nivel Suficiente (nota de 6). Un 19% de los alumnos (8 estudiantes) no logró este nivel. El porcentaje de logro del aprendizaje esperado fue aceptable, ya que el trabajo se llevó a cabo solo en cinco sesiones y una importante cantidad de alumnos posee dificultades significativas en la redacción (el 45% de los estudiantes del grupo está en el nivel de alerta). Además, fue positivo el apoyo de pares para haber obtenido este logro que, de otra manera, hubiese sido muy bajo. Cabe aclarar que el logro se refiere a la realización de la entrevista, no a la calidad de la redacción de las respuestas con la ortografía, donde todavía más del 40% de alumnos debe seguir mejorando.

Un aspecto clave en mi retroalimentación fue que les brindé a los alumnos varias oportunidades para que mejoraran la redacción de la entrevista. Al inicio, ellos se sorprendieron por eso porque me comentaban que en la primaria no lo habían hecho, que generalmente lo que hacían era una reflexión para establecer compromisos, pero no mejoras puntuales hasta lograr la meta, como lo hicimos efectivamente en las clases. Al principio, los alumnos entregaban los trabajos sin muchas mejoras, pero poco a poco se fue generando un mayor compromiso, cuando ellos veían los logros y el reconocimiento a los avances, tanto de sus compañeros como de mi parte. Además, los acompañé en cómo hacer las mejoras brindándoles nuevos ejemplos o colocándoles muestras de redacción que les hacía. Debo seguir trabajando la redacción escrita de la entrevista con los ocho estudiantes que no alcanzaron el aprendizaje esperado para que lo logren, algo que ya estoy haciendo con ellos en este momento, con base en el apoyo de los padres con quienes me he comunicado, integrando al papá.

AUTOEVALUACIÓN DE LAS TAREAS EVALUATIVAS DEL MOMENTO 2

Autoevalúe las respuestas a las tareas evaluativas del momento 2 con base en la lista de cotejo de la Tabla 37.

Tabla 37. Autoevaluación de las respuestas a las tareas evaluativas del momento 2			
Indicador	Se presenta	No se presenta	Sugerencias
1. La argumentación de la administración de los recursos (tiempo, espacio y materiales didácticos) tiene en cuenta las actividades ejecutadas, el logro del aprendizaje espera-do y el diagnóstico del grupo.			
2. La argumentación de la pertinencia de la estrategia de evaluación implementada (acciones, técnicas e instrumen-tos) tiene en cuenta la valoración del aprendizaje esperado y el proceso de mejora continua de los alumnos.			
3. La argumentación del impacto del proceso de retroali-mentación considera el logro del aprendizaje esperado de los alumnos.			
4. La argumentación de las respuestas considera los princi-pios pedagógicos del modelo educativo de base (Acuerdo 592 o Nuevo Modelo Educativo del 2017).			
5. La argumentación de las respuestas considera la expe-riencia docente en el área o los referentes teóricos de la pedagogía.			
6. La justificación de las respuestas se basa en la exposi-ción de argumentos. Es decir, se expone una idea central y se explica con una, dos o más ideas de apoyo, haciendo referencia siempre al diagnóstico, a la planeación didáctica y al modelo educativo que se siga.			
7. El análisis es crítico, es decir, compara los procesos y busca tanto los factores positivos, como las áreas de oportunidad, estableciendo relaciones en función de los alumnos.			

EJERCICIO DE APLICACIÓN

Como ejercicio de aplicación del presente Módulo, sistematice las tres evidencias de desempeño docente requeridas y responda las tareas evaluativas que le muestre la plataforma. Por favor redacte las respuestas una vez tenga la sistematización de los tres productos de desempeño y los haya subido a la plataforma. Revise varias veces el proceso de redacción de las respuestas a las tareas evaluativas considerando las características de sus alumnos y el contexto escolar. Una vez la redacción cumpla con las características de calidad esperadas, copie sus respuestas y péguelas en los apartados correspondientes de la plataforma de la SEP.

Finalmente, le invitamos a reflexionar sobre los logros y aspectos a mejorar en el presente Módulo 2 sobre la intervención docente llevada a cabo. Recuerde que es importante planear y redactar las tareas evaluativas antes de subirlas a la plataforma mediante la función de copiar y pegar. Una vez las suba a la plataforma, le sugerimos revisarlas y mejorarlas. Es importante que comparta su reflexión con otros compañeros.

ELABORACIÓN DEL TEXTO DE REFLEXIÓN Y ANÁLISIS DE SU PRÁCTICA

Aprendizaje esperado:

Reflexiona y analiza la práctica docente llevada a cabo a partir de la ejecución del proyecto de enseñanza con los alumnos y la sistematización de evidencias, mediante la respuesta a una serie de tareas evaluativas.

INTRODUCCIÓN

En el Momento 3 se busca que el docente realice una reflexión profunda, honesta, ecuánime y argumentativa sobre la práctica docente llevada a cabo, considerando el diagnóstico y la planeación didáctica que se hizo en el Momento 1. Esto se hará siguiendo dos tareas evaluativas que estarán en la plataforma, las cuales consideran tanto la planeación como la intervención. El proceso de reflexión debe hacerse considerando el documento "Perfil, parámetros e indicadores para docentes y técnicos docentes" (SEP, 2018) como también el diagnóstico del contexto, la planeación didáctica, las tres evidencias de desempeño del momento 2, el impacto en el logro del aprendizaje esperado, las decisiones que se tomaron en la intervención docente, el ambiente de aprendizaje, la diversidad de los alumnos, la evaluación y el impacto en el logro del aprendizaje esperado.

Esencialmente, en el Momento 3 se pretende que el docente argumente cómo sus acciones tuvieron impacto en el logro del aprendizaje esperado considerando las particularidades del grupo, sus recursos, las situaciones imprevistas, el progreso en el aprendizaje y el ritmo de trabajo de los estudiantes. Las decisiones tomadas deben sustentarse en función de su contribución a la formación integral de los alumnos, que son el centro de la tarea educativa.

¿CÓMO ESTOY EN MIS SABERES PREVIOS SOBRE EL TEMA?

La maestra Adriana Silva Giménez hizo la siguiente reflexión respecto a una de las tareas evaluativas propuestas en el momento 3 del proyecto de Enseñanza. Revise la tarea evaluativa, la respuesta de la maestra y después seleccione la opción más pertinente con base en los saberes que posee hasta el momento.

Tarea evaluativa y preguntas de anclaje	Respuesta de la maestra Andrea
TAREA EVALUATIVA: FORTALEZAS Y ASPECTOS A MEJORAR EN LA PRÁCTICA PEDAGÓGICA A partir del análisis de los resultados de su intervención, justifique cuáles son las principales fortalezas y aspectos a mejorar que identificó de su práctica. Proponga acciones concretas para la mejora de su intervención didáctica considerando las características de sus alumnos en el contexto en el que se desempeña. ***Preguntas de andamiaje:*** 1. ¿Qué resultados obtuvo en la implementación de su secuencia didáctica? 2. A partir del análisis que realizó, ¿qué aspectos de su intervención considera fortalezas de su práctica y cuáles considera que necesita mejorar? 3. Considerando las características de sus alumnos y el contexto en el que desarrolla su práctica ¿qué acciones concretas puede realizar para mejorarla?	Todos mis alumnos aprendieron durante la secuencia didáctica, ya que de alguna manera elaboraron las preguntas para el experto que invité sobre el tema de las acciones para protegerse frente a la violencia, y luego las formularon en clase, como también transcribieron las respuestas por escrito. Todos los alumnos participaron en este proceso y por ende puedo expresar que se cumplió la meta establecida en la secuencia didáctica respecto al abordaje del tema de la entrevista. De allí que puedo asegurar que mi intervención fue 100% exitosa. La principal fortaleza de mi práctica es mi vocación como maestra, pues desde siempre me ha encantado la enseñanza y trabajar con chicos. Me siento muy a gusto en esta profesión. Un aspecto a mejorar es seguir actualizándome frente a nuevas propuestas que vayan emergiendo en la educación, como también seguir estudiando el nuevo modelo educativo que propuso la Secretaría de Educación Pública en el 2017 y que estoy aplicando en la actualidad.

Seleccione a continuación la opción más pertinente y compare su respuesta con la que se brinda en la Tabla 38.

Respecto a la respuesta brindada por la maestra Adriana Silva Giménez frente a la tarea evaluativa tentativa, el análisis más pertinente es:

a. La respuesta de la maestra es corta, pero sustancial y pertinente frente a la tarea propuesta.

b. La respuesta de la maestra es corta, pero le faltaron otros análisis.

c. La respuesta de la maestra no es pertinente porque no se corresponde con el tipo de análisis esperado.

d. La respuesta de la maestra no tiene ninguna relación con la tarea evaluativa propuesta.

Tabla 38. Respuesta más pertinente frente a la pregunta de análisis de saberes previos	
Opción más pertinente	**Argumentación**
c	Las respuestas a las tareas evaluativas deben ser argumentativas, explicando lo que se dice con base en hechos concretos respecto al trabajo ejecutado con los alumnos. Además, deben ser ecuánimes, reflexivas y basadas en lo que se hizo efectivamente con el grupo. En este sentido, la respuesta de la mtra. Adriana es muy general y casi no se basa en el trabajo real tenido con los alumnos durante la aplicación de la planeación didáctica. Al respecto, se pueden anotar los siguientes aspectos: 1) no explica el grado de logro del aprendizaje esperado en los alumnos pues se queda en un concepto abstracto de que todos aprendieron algo (hay que recordar que en la planeación que hizo la maestra se propone la evaluación sumativa); y 2) la fortaleza y el aspecto por mejorar no se relacionan con la planeación ejecutada con los estudiantes durante el Momento 2 del proyecto de enseñanza.

Nota: le sugerimos comparar la respuesta a la tarea evaluativa presentada con el ejemplo propuesto en la Tarea Evaluativa Tentativa 8 que se encuentra al final del presente módulo.

PROCESO DE ANÁLISIS Y REFLEXIÓN DE LA PRÁCTICA DOCENTE

En el Momento 3 se busca que el docente realice una reflexión profunda, honesta, ecuánime y argumentativa sobre la práctica docente llevada a cabo, considerando el diagnóstico y la planeación didáctica que se hizo en el Momento 1. Esto se hará siguiendo dos tareas evaluativas que estarán en la plataforma, las cuales consideran tanto la planeación como la intervención. El proceso de reflexión debe hacerse considerando el documento "Perfil, parámetros e indicadores para docentes y técnicos docentes"

(SEP, 2018) como también el diagnóstico del contexto, la planeación didáctica, las tres evidencias de desempeño del momento 2, el impacto en el logro del aprendizaje esperado, las decisiones que se tomaron en la intervención docente, el ambiente de aprendizaje, la diversidad de los alumnos, la evaluación y el impacto en el logro del aprendizaje esperado.

Esencialmente, en el Momento 3 se pretende que el docente argumente cómo sus acciones tuvieron impacto en el logro del aprendizaje esperado considerando las particularidades del grupo, sus recursos, las situaciones imprevistas, el progreso en el aprendizaje y el ritmo de trabajo de los estudiantes. Las decisiones tomadas deben sustentarse en función de su contribución a la formación integral de los alumnos, que son el centro de la tarea educativa.

CARACTERÍSTICAS DEL PROCESO DE ANÁLISIS Y REFLEXIÓN

A continuación, se describen las características esenciales del proceso de análisis y reflexión en torno a la práctica docente que es importante considerar:

1. Las respuestas deben ser argumentativas. La argumentación consiste en explicar un hecho, situación, idea o propuesta mediante razones, bases o referentes. En cada tarea evaluativa es esencial tener en cuenta como referentes el diagnóstico, el enfoque de la asignatura, el perfil de egreso del nivel respectivo, entre otros elementos.

2. Las respuestas deben ser críticas. Esto significa que las respuestas deben ser mediante el discernimiento de los diversos componentes, separándolos, para identificar los aspectos positivos y las áreas de oportunidad, y al final integrarlos y dar una valoración personal.

3. Las respuestas deben tener un carácter ecuánime. Esto significa que el análisis no debe caer en los extremos, sino buscar el equilibrio.

4. Las respuestas pueden considerar componentes teóricos, pero asumidos de manera personal. Esto significa que se pueden hacer referencias a enfoques pedagógicos como el constructivismo, la socioformación, u otros planteamientos, pero articulados al ejercicio docente, explicados a partir de las acciones implementadas.

TAREA EVALUATIVA TENTATIVA 7. LOGRO DEL APRENDIZAJE ESPERADO

Tarea evaluativa tentativa:

Justifique de qué manera sus decisiones y acciones durante su intervención docente influyeron en el logro de los aprendizajes de los alumnos.

Preguntas de andamiaje tentativas:

1. ¿De qué forma las acciones de su intervención favorecieron el logro del aprendizaje de sus alumnos?

2. ¿A qué aspectos de su intervención atribuye las diferencias del logro del aprendizaje alcanzado por sus alumnos?

3. ¿Qué aspectos de su intervención influyeron en los resultados de aprendizaje de sus alumnos?

Ejemplo de respuesta:

Logré el aprendizaje esperado en el 81% de los estudiantes. Esto significa que 34 alumnos de mi grupo elaboraron una entrevista por escrito con todas sus partes: introducción, preguntas y respuestas a las preguntas de parte del experto en seguridad invitado al aula. Considero que este porcentaje es alto debido a que un porcentaje muy elevado de mis alumnos tiene notables deficiencias en redacción (45% está en el nivel de alerta). Si la entrevista hubiese sido en video o audio, o si no hubiesen tenido que mejorar la redacción de las respuestas para que pudiesen ser entendibles, todos hubiesen logrado la meta. Me enfoqué mucho en la parte de la redacción de las respuestas por un compromiso asumido con la Ruta de Mejora Escolar y por el diagnóstico del grupo. Además, estoy en un proceso de transformación de mi práctica docente y creo que eso también me ha ayudado a tener un mayor impacto.

Antes, este mismo tema lo abordaba enfocándome solo en que los alumnos aprendieran a realizar una entrevista, y les pedía muchos trabajos, que aunque estaban relacionados con el tema no les permitía concentrarse en un único producto, como por ejemplo: 1) resumen sobre las características de la entrevista; 2) organizador gráfico sobre las partes de una entrevista; 3) análisis de los logros y vacíos de una entrevista; 4) audio de la entrevista hecha a un compañero sobre un determinado tema; 5) realización de una entrevista a una persona de la comunidad en video, etc. Esto se debe a que de una u otra forma me centraba en contenidos disfrazados con actividades, con lo cual la evaluación se quedaba en lo superficial porque no había mucho tiempo para que los estudiantes pudiesen mejorar varias veces sus evidencias, tal y como lo establece la evaluación formativa. Tan pronto entregaban un trabajo ya les estaba asignando otro, y no quedaba espacio para corregir los errores o abordar las áreas de oportunidad hasta lograr el nivel Suficiente, o el Destacado.

Fue a finales del ciclo escolar anterior que comencé a capacitarme en nuevas estrategias didácticas y de evaluación siguiendo el enfoque socioformativo, lo cual me llevó a generar cambios en la forma de trabajar con mis alumnos. Al contrario de lo que hacía antes, ya no me enfoco en el tema de la entrevista, sino en el problema del contexto que es importante que los alumnos aprendan a resolver con apoyo del español, que en este caso fue sobre las acciones a implementar para protegerse de la violencia que se está viviendo en la colonia. De esta manera, el abordaje del problema del contexto permitió la significación de los saberes a través de la conexión con el mundo de la vida, que era algo que antes no hacía con profundidad y que me ha permitido la socioformación. Esto llevó a una mayor motivación de los alumnos y al aumento de la laboriosidad, algo que debo continuar trabajando.

Otro cambio en mi práctica fue que pasé de evaluar el aprendizaje esperado con muchos trabajos a centrarme en una única evidencia integradora, como lo fue la elaboración de una entrevista por escrito a una persona relevante de la comunidad. De acuerdo con la planeación, desde el inicio todo se centró en lograr esta evidencia paso a paso. Esto posibilitó ofrecerles a los alumnos varias oportunidades para mejorar el producto, hasta lograr el aprendizaje esperado al menos en un nivel Suficiente. Además, esta manera de proceder se conectó con el estilo de aprendizaje predominante en el grupo, como lo es el estilo pragmático.

En el logro del aprendizaje esperado también ayudó el trabajo colaborativo que implementé con los alumnos, con base en las siguientes acciones: 1) conformación de equipos de tres integrantes con distribución de roles (coordinación, sistematización y gestión de la calidad); 2) coevaluación entre equipos para apoyarse en sus áreas de oportunidad; 3) tutoría entre pares para ayudar a los alumnos con mayores dificultades para elaborar la entrevista como también en el proceso de redacción de las respuestas dadas por la persona entrevistada; y 4) interacción con otros cara a cara, lo cual se ha perdido por el énfasis en las redes sociales y el celular.

Hubo diferencias en el logro de los aprendizajes esperados. Un 81% de los estudiantes alcanzó como mínimo el nivel Suficiente. Esto fue posible a partir del énfasis en un solo producto y las actividades prácticas que se implementaron desde el inicio para lograr la evidencia. De este porcentaje, hubo un 65% de alumnos con un desempeño Suficiente; un 10% con un desempeño Satisfactorio; y un 6% con un desempeño Destacado. Estas diferencias se deben ante todo a los antecedentes académicos que traen los alumnos como también al grado de mejora del producto a partir de la retroalimentación recibida. Por su parte, un 19% de los estudiantes no logró el aprendizaje esperado en el nivel Suficiente, lo cual se relaciona con las dificultades encontradas en el diagnóstico respecto a la falta de concentración y laboriosidad, como también a las dificultades de redacción escrita. Actualmente, sigo trabajando estos aspectos en los alumnos con dificultades.

TAREA EVALUATIVA TENTATIVA 8. FORTALEZAS Y ASPECTOS A MEJORAR EN LA PRÁCTICA PEDAGÓGICA

Tarea evaluativa tentativa:

A partir del análisis de los resultados de su intervención, justifique cuáles son las principales fortalezas y aspectos a mejorar que identificó de su práctica. Proponga acciones concretas para la mejora de su intervención didáctica considerando las características de sus alumnos en el contexto en el que se desempeña.

Preguntas de andamiaje:

1. ¿Qué resultados obtuvo en la implementación de su secuencia didáctica?

2. A partir del análisis que realizó, ¿qué aspectos de su intervención considera fortalezas de su práctica y cuáles considera que necesita mejorar?

3. Considerando las características de sus alumnos y el contexto en el que desarrolla su práctica ¿qué acciones concretas puede realizar para mejorarla?

Ejemplo de respuesta:

En el proceso de intervención docente obtuve varios resultados. En primer lugar, logré que, de 42 alumnos, 34 alcanzaran el aprendizaje esperado ("Entrevista a una persona relevante de su localidad"), al menos en el nivel de desempeño Suficiente, con una nota aprobatoria mínima de 6, lo cual significa que realizaron una entrevista a una persona relevante de la comunidad y que cumplieron con la mayoría de los indicadores establecidos para la planeación. De esta manera, la mayoría de los alumnos aprendió a: 1) reconocer las características discursivas de la entrevista y los requisitos para sistematizarla por escrito; 2) determinar el objetivo de la entrevista y elegir a la persona o personas que entrevistará; 3) preparar la entrevista y distinguir entre preguntas centrales y de apoyo; y 4) elaborar un texto que incluya la información recabada en la entrevista.

Sin embargo, es importante señalar que, tal y como se estableció en la planeación didáctica subida en el Momento 1, por el tiempo limitado de cinco clases como máximo, no se abordaron todos los indicadores del aprendizaje esperado, lo cual requiere hasta

15 sesiones (ver el libro de Enrique Lepe y otros. Español 1, Editorial Trillas, 2018). Es por ello que dejé varios indicadores para una segunda planeación didáctica complementaria a la anterior, la cual estoy ejecutando en la actualidad con el grupo. Estos indicadores fueron: 1) Hace preguntas y las reformula en función de la respuesta; 2) Usa signos de exclamación e interrogación; 3) Reconoce las diferencias entre lengua oral y lengua escrita; y 4) Reflexiona sobre los usos y funciones de la entrevista en la vida social.

En segundo lugar, hay que destacar que los alumnos no se quedaron con el aprendizaje de cómo se hace una entrevista, sino que identificaron y comprendieron varias acciones para protegerse de la violencia que actualmente se está presentando en la colonia por la llegada de grupos al margen de la ley de otras regiones. Esto les permitirá tener más cuidado en sus desplazamientos y uso de los espacios de la localidad identificados en el diagnóstico, como un parque, una iglesia y una cancha de fútbol. Además, todos compartieron al menos una recomendación con sus padres y demás integrantes de la familia sobre el cuidado que se debe tener para protegerse de la violencia. Esto lo hice con el fin de fortalecer la convivencia familiar y el apoyo entre todos, ya que en el diagnóstico del grupo encontré que en un 26% de los hogares hay conflictos, y que el padre está ausente de la educación de los hijos en un 65% de los casos. En la planeación didáctica actual he fortalecido más la interacción con el padre.

Hubo seis alumnos que no lograron el aprendizaje esperado tal como se tenía en la planeación didáctica. Esto se debe a que poseen muchas dificultades en la redacción, como también en la concentración y la laboriosidad, algo esencial para terminar las tareas asignadas. Estos alumnos requieren un trabajo durante todo el ciclo escolar, para lo cual estoy articulando acciones con otros maestros del mismo grado. Sin embargo, dentro de quienes lograron el aprendizaje esperado, también hay estudiantes que requieren seguir trabajando la redacción escrita, que es un área de oportunidad en el 45% de ellos (están en el nivel de alerta de acuerdo con la evaluación que les practiqué en el Sistema de Alerta Temprana, SisAT).

Respecto a las fortalezas de mi práctica pedagógica, puedo indicar que tengo varias. La primera, es que he implementado un proceso de reflexión continua sobre mi desempeño desde el ciclo escolar anterior, y con base en ello me he dado cuenta de aspectos concretos a mejorar en el trabajo con mis alumnos y he implementado cambios en mis clases y forma de evaluar, buscando una mayor pertinencia. Para ello, al final de cada clase elaboro una reflexión sobre el aspecto que debo mejorar para la siguiente clase o en mi trabajo. Asimismo, tengo un buzón anónimo de sugerencias para que los alumnos depositen las sugerencias que tengan para mejorar las clases. En la planeación didáctica implementada apliqué esto haciendo una reflexión al final de cada sesión y considerando las sugerencias depositadas por los alumnos.

La segunda fortaleza de mi práctica docente radica en que me he comenzado a capacitar en nuevas estrategias didácticas y procesos de evaluación. Al respecto, estoy aplicando un nuevo enfoque educativo denominado "socioformación". Este enfoque se ha construido pensando en Latinoamérica y prioriza la formación por medio de la resolución de problemas del contexto a través del trabajo colaborativo y el fortalecimiento del proyecto ético de vida, el pensamiento complejo, la co-construcción del conocimiento y la metacognición. Comencé a indagar sobre la socioformación en el ciclo pasado, cuando un compañero docente comenzó a aplicarlo con sus estudiantes y observé importantes resultados en los aprendizajes esenciales, los contenidos académicos y la interacción social, como también el aumento de la motivación y la participación de los alumnos. La planeación didáctica que ejecuté en el Momento II del proyecto de enseñanza la llevé a cabo desde este enfoque.

La tercera fortaleza de mi práctica pedagógica durante la ejecución del proyecto de enseñanza fue la mediación del aprendizaje de los alumnos por medio de la identificación, comprensión, argumentación y resolución de un problema del contexto, el cual se identificó en el diagnóstico del contexto sociocultural, como es el aumento de los hechos de violencia en la localidad (robos, extorsiones, secuestros y asesinatos). Algunas familias y estudiantes de la escuela ya han vivido algunos hechos de violencia en este ciclo escolar. A partir de este problema del entorno, se trabajó en el logro del aprendizaje esperado. De esta forma cambié mi metodología de trabajo del ciclo escolar anterior en el cual este mismo aprendizaje lo abordé por medio de estrategias más centradas en contenidos, que, aunque activas y motivantes, pues abordaba los mapas conceptuales, los mapas mentales, etc., no lograron tener impacto en la mejora de las condiciones de vida de los chicos y sus familias, algo esencial en el enfoque socioformativo que estoy implementando.

La cuarta fortaleza de mi práctica es la evaluación formativa continua desde el inicio hasta el final para apoyar a los alumnos en el logro del aprendizaje esperado tenido como meta, tomando como apoyo una rúbrica analítica. Esto consistió en apoyar a los alumnos para que se autoevaluasen de manera continua a medida que realizaban paso a paso la entrevista en las diferentes clases, identificando sus logros y aspectos por mejorar con base en dicho instrumento. De forma complementaria, yo les daba heteroevaluación con base en esta misma rúbrica, con logros y sugerencias para mejorar, tanto en el proceso como en el resultado final. A muchos, incluso, les di ejemplos de redacción para que se orientaran en la mejora de las respuestas dadas por el experto en seguridad que invité al aula. A algunos con más dificultades, les asigné pares como tutores.

¿Cuáles fueron las áreas de oportunidad de mi práctica pedagógica? La primera área de oportunidad de mi práctica pedagógica es que me falta ampliar el número de ejemplos para apoyar a mis alumnos. En esta secuencia didáctica me percaté que los ejemplos son uno de los recursos que más puede ayudar a los alumnos con dificultades a comprender, analizar y redactar. Solo me basé en un ejemplo adicional al que trae el libro de texto. A otros alumnos les hice pequeños ejemplos a la medida, pero siento que me faltaron para abordar más opciones y considerar el mejoramiento de las necesidades de mis alumnos.

La segunda área de oportunidad de mi práctica pedagógica tiene que ver con la falta de materiales pertinentes a mi metodología didáctica, pues además del libro de texto que utilicé como apoyo y el uso de un video en la primera clase, requiero más materiales que me permitan considerar los diversos canales de aprendizaje de los alumnos, como el visual, el auditivo y el kinestésico, además del de lectoescritura, como, por ejemplo, audios, video tutoriales y juegos para el aprendizaje. Estos materiales no solo deben permitirme abordar el tema de cada aprendizaje esperado sino también el problema o los problemas del contexto. Por ejemplo, muchos materiales que encuentro sobre la entrevista se quedan en explicar el procedimiento y en el abordaje de temas banales, sin orientarse a abordar problemas retadores que contribuyan a una mejor calidad de vida, como lo es la delincuencia, el narcotráfico, la pobreza, las adicciones, los embarazos no planeados a corta edad, la contaminación ambiental, el suicido, la corrupción política, etc. En Español, es preciso abordar estos problemas y con ello es factible que los alumnos se interesen más. Esto lo experimenté en la planeación implementada y lo seguiré haciendo.

La tercera área de oportunidad que tengo en mi práctica pedagógica tiene que ver con el trabajo colaborativo entre mis estudiantes. Si bien es cierto que implementé el trabajo en equipo para las actividades de construcción del conocimiento en torno a lo que es la entrevista y como implementarla, me falta mejorar los siguientes aspectos: 1) capacitar a los alumnos sobre la comunicación asertiva, pues se les dificulta escuchar y expresarse con cordialidad y respeto; 2) orientar a los estudiantes sobre cómo apoyar a otros fortaleciendo la solidaridad; 3) cómo interactuar cara a cara mediante el lenguaje oral y corporal; y 4) cómo resolver los conflictos y dificultades que se presentan.

¿Qué acciones concretas puedo realizar para mejorar mi práctica pedagógica? La primera acción concreta para mejorar mi práctica pedagógica es elaborar ejemplos específicos de acuerdo con las características del grupo con el cual trabajo, para considerar diversas opciones y necesidades de aprendizaje. Esto lo complementaré retomando ejemplos de alumnos de otros ciclos y adaptándolos a la secuencia didáctica y particulares de mi grupo actual. También buscaré ejemplos en otros contextos y luego los ajustaré a las particulares de mi materia y alumnos. Buscaré que los ejemplos no estén solo por escrito, como tuve en la planeación didáctica abordada, sino que también elaboré al menos un video tutorial e infografía para apoyar a quienes tienen otros estilos de aprendizaje.

La segunda acción concreta es que debo capacitarme sobre cómo implementar la tutoría entre pares, la cual considero esencial para poder sacar a mis alumnos con dificultades adelante. En este sentido, debo indagar en estos aspectos: 1) ¿qué características debe tener el alumno tutor de otros compañeros?; 2) ¿en qué se debe capacitar el alumno tutor de pares?; 3) ¿cómo implementar la tutoría entre pares?; 4) ¿cómo evaluar la tutoría entre pares y qué instrumentos seguir al respecto?; 5) ¿cómo motivar y reconocer el trabajo de los tutores de pares?; y 6) ¿cómo logar que la tutoría de pares ayude a los alumnos al logro del aprendizaje esperado?

Finalmente, voy a conformar una comunidad de aprendizaje con otros maestros de español de la zona para compartir estrategias didácticas, instrumentos de evaluación, experiencias exitosas, dudas y dificultades, y materiales adaptados a las características de nuestros alumnos. De esta manera, espero tener mejores recursos y actividades para seguir trabajando la formación integral con mis alumnos, con el fin de que sean ciudadanos responsables, con un sólido proyecto ético de vida y que contribuyan a mejorar las condiciones de vida de sí mismos, de sus familias y de la comunidad. Esta es la mejor forma de luchar contra los altos niveles de pobreza que se tienen en la colonia (el 71% de las familias tiene bajos ingresos), como también para hacer frente a la violencia y lograr prevenirla.

EVALUACIÓN DEL PROCESO DE ANÁLISIS Y REFLEXIÓN REALIZADO EN CADA TAREA EVALUATIVA

A medida que esté realizando el análisis y reflexión en cada una de las tareas evaluativas correspondientes al Momento 3, se sugiere seguir la lista de cotejo que se presenta en la Tabla 39. Esto le permitirá mejorar la redacción de cada tarea antes de subir las respuestas a la plataforma.

Tabla 39. Evaluación del proceso de análisis y reflexión de cada tarea evaluativa en el Momento 3

Indicador	Se presenta	No se presenta	Sugerencias
1. El análisis se basa en la planeación de las actividades y su ejecución con los estudiantes durante el proceso de intervención docente.			
2. El análisis tiene en cuenta el diagnóstico del grupo, tanto en el desarrollo cognitivo, socioemocional, físico y social, como en los procesos de aprendizaje y el contexto (escolar, familiar y sociocultural).			
3. El análisis considera los saberes previos y el estado inicial de los alumnos.			
4. El análisis muestra de manera puntual el logro del aprendizaje esperado y su relación con la intervención docente.			
5. El análisis muestra el seguimiento del enfoque de la asignatura y su impacto en el logro del aprendizaje esperado.			
6. El análisis es ecuánime, es decir, describe los logros y dificultades, sin caer en los extremos, con base en el trabajo realizado en los momentos 1 y 2 del proyecto de enseñanza.			

7. El análisis es crítico, es decir, compara los procesos y busca tanto los factores positivos, como las áreas de oportunidad, estableciendo relaciones en función de los alumnos.			
8. El análisis es sistémico, es decir, considera los diferentes elementos y aborda los procesos desde diferentes perspectivas.			

EJERCICIO DE APLICACIÓN

Como ejercicio de aplicación del presente Módulo, responda las tareas evaluativas que le presente la plataforma. Por favor, redacte las respuestas una vez tenga completo el Momento 2. Revise varias veces el proceso de análisis y argumentación considerando las características de sus alumnos y el impacto en el aprendizaje esperado logrado a través de la evaluación. Una vez la redacción cumpla con las características de calidad de la Tabla 39, copie sus respuestas y péguelas en los apartados correspondientes de la plataforma de la SEP.

Finalmente, le invitamos a reflexionar sobre los logros y aspectos a mejorar en el presente Módulo 3 respecto al texto de análisis y reflexión de su práctica docente. Recuerde que es importante planear y redactar las tareas evaluativas antes de subirlas a la plataforma mediante la función de copiar y pegar. Una vez las suba a la plataforma, le sugerimos revisarlas y mejorarlas. Es importante que comparta su reflexión con otros compañeros docentes.

REFERENCIAS

Alonso, C. M., Gallego, D. J. y Honey, P. (2007). Los estilos de aprendizaje. Procedimientos de diagnóstico y mejora. España: Ediciones Mensajero.

Fleming, N., and Baume, D. (2006). Learning Styles Again: VARKing up the right tree!, Educational Developments, SEDA Ltd, Issue 7.4, Nov. 2006, p4-7.

Metts, R. (1999). Teorías y ejercicios. Santiago de Chile. Disponible en URL: http://www.jrotero.org/files/file/FTSRD.pdf Consultado Abril 24, 2015.

SEP (2018). Etapas, aspectos, métodos e instrumentos. Proceso de evaluación del desempeño docente. Ciudad de México: SEP.

SEP (2018). Guía académica del sustentante de la evaluación del desempeño del personal docente. Cuarto grupo 2018. Educación primaria. Ciudad de México: SEP.

SEP (2018). Guía académica del sustentante de la evaluación del desempeño del personal docente. Cuarto grupo 2018. Educación preescolar. Ciudad de México: SEP.

SEP (2018). Perfil, parámetros e indicadores para docentes y técnicos docentes. Ciudad de México: SEP.

Tobón (2013). Currículo y ciclos propedéuticos desde la socioformación. Ciudad de México: Trillas.

Tobón, S., Pimienta, J., y García Fraile, J.A. (2016). Secuencias didácticas y socioformación. México: Pearson.

ANEXO 1. FORMATO PARA PLANEAR EL DIAGNÓSTICO DEL GRUPO

Diagnóstico del grupo

DIAGNÓSTICO DEL CONTEXTO ESCOLAR, FAMILIAR Y SOCIOCULTURAL		
Información sociodemográfica	Nombre de la escuela: CCT: Nivel: Modalidad: Sostenimiento: Grado escolar: Turno: Estado: Municipio: Ubicación: Número de alumnos en la escuela: Número de grupos: Promedio de alumnos por grupo: Género de los alumnos: Número de docentes: Género de los docentes: Número de alumnos en el grupo: Género de los alumnos en el grupo: Rango de edad en el grupo:	
Componente	**Aspectos que facilitan el aprendizaje**	**Aspectos que dificultan o bloquean el aprendizaje**
Contexto escolar		
Contexto familiar		
Contexto sociocultural		

Diagnóstico del desarrollo integral y de los procesos de aprendizaje	
Características del desarrollo cognitivo, socioemocional, social y físico de los alumnos	
Dominio de las competencias básicas (lectura, escritura, cálculo y convivencia)	
Estilos y ritmos de aprendizaje de los alumnos	
Necesidades de aprendizaje y necesidades educativas especiales	
Intereses y uso del tiempo libre	

ANEXO 2. FORMATO PARA LA PLANEACIÓN DIDÁCTICA

TÍTULO:			
ASPECTOS CURRICULARES			
Nivel: Grado: Modalidad: Turno:	Asignatura: Docente:	Periodo académico:	Número de clases: Inicia: Termina:
Enfoque de la asignatura			

Competencia:
Aprendizaje esperado:

Problema:

Producto central que deben lograr los estudiantes mediante el abordaje del problema del contexto:

Vinculación o interdisciplinariedad con otra asignatura:
Aprendizaje esperado o tema:

ACTIVIDADES Y ORGANIZACIÓN DE LOS ALUMNOS		ESTRATEGIA DE EVALUACIÓN (ACCIÓN, TÉCNICA E INSTRUMENTO)	RECURSOS
I N I C I O	Motivación en torno al aprendizaje y acuerdo del producto central a lograr:		
	Diagnóstico de los saberes previos en los alumnos:		
D E S A R R O L L O	Búsqueda, organización, comprensión y análisis del conocimiento respecto al aprendizaje esperado y el producto central:		

D E S A R R O L L O	Aprendizaje de procedimientos y técnicas para lograr el aprendizaje esperado y el producto central con el apoyo en un ejemplo:		
	Elaboración o finalización del producto central mediante una o varias actividades prácticas, considerando el trabajo colaborativo y la evaluación integral:		
C I E R R E	Reflexión sobre el producto central y realización de mejoras concretas en el producto central hasta lograr el nivel satisfactorio, con base en la retroalimentación recibida:		
	Socialización del producto central con los pares, la escuela, la familia y/o la comunidad:		

Rúbrica de evaluación:

Título: Producto:				
Indicador	**Nivel bajo**	**Nivel básico**	**Nivel bueno**	**Nivel Excelente**
Indicador 1.				
Puntos, nota o porcentaje				
Indicador 2.				
Puntos, nota o porcentaje				

ANEXO 3. CUESTIONARIO DE ESTILOS DE APRENDIZAJE DE KOLB

Estructura:

El Cuestionario de Estilos de Aprendizaje de Kolb evalúa cuatro estilos de aprendizaje siguiendo el enfoque de Honey-Alonso, a partir de la teoría del aprendizaje de Kolb.

INSTRUCCIONES PARA APLICAR EL INSTRUMENTO

Estimado Docente:

A continuación, le brindamos las siguientes sugerencias para aplicar el Cuestionario de Estilos de Aprendizaje.

Antes de aplicar el Cuestionario es importante comprender la teoría de estilos de aprendizaje de Kolb.

Aplicarles el cuestionario a los alumnos en línea o en papel. Luego, pedirles a los mismos alumnos que ayuden a calificar el instrumento.

El Cuestionario Honey-Alonso de Estilos de Aprendizaje (CHAEA) (Alonso, Gallego y Honey, 2007) posee adecuados niveles de validez y confiabilidad. Este instrumento está compuesto de 80 afirmaciones que miden los siguientes estilos: activo, reflexivo, teórico y pragmático. Cada estilo tiene 20 reactivos. Se califica colocando un signo "+" en el reactivo con el cual se está de acuerdo y un signo "-" en el reactivo con el cual se está en desacuerdo. A mayor puntuación, mayor preferencia en el estilo.

Se recomienda para 6to de primaria o secundaria. Para la primaria se recomienda el test VARK de Fleming (2006) adaptado para la educación básica por el profesor Luis Gilberto Granados Lara.

Instrucciones para el estudiante

Estimado alumno:

1. Este cuestionario ha sido diseñado para identificar tu estilo preferido de aprender. No es un test de inteligencia, ni de personalidad.
2. No hay límite de tiempo para contestar el cuestionario.
3. No hay respuestas correctas o erróneas. Será útil en la medida que seas sincero/a en tus respuestas.
4. Si estás más de acuerdo que en desacuerdo con la sentencia pon un signo más (+). Si, por el contrario, estás más en desacuerdo que de acuerdo, pon un signo menos (-).

Por favor, contesta todas las afirmaciones.

(   ) 1. Tengo fama de decir lo que pienso claramente y sin rodeos.

(   ) 2. Estoy seguro/a de lo que es bueno y lo que es malo, lo que está bien y lo que está mal.

(   ) 3. Muchas veces actúo sin mirar las consecuencias.

(   ) 4. Normalmente trato de resolver los problemas metódicamente y paso a paso.

(   ) 5. Creo que los formalismos coartan y limitan la actuación libre de las personas.

(   ) 6. Me interesa saber cuáles son los sistemas de valores de los demás y con qué criterios actúan.

(   ) 7. Pienso que el actuar intuitivamente puede ser siempre tan válido como actuar reflexivamente.

(   ) 8. Creo que lo más importante es que las cosas funcionen.

(   ) 9. Procuro estar al tanto de lo que ocurre aquí y ahora.

(   ) 10. Disfruto cuando tengo tiempo para preparar mi trabajo y realizarlo a conciencia.

(   ) 11. Estoy a gusto siguiendo un orden en las comidas, en el estudio, haciendo ejercicio regularmente.

(   ) 12. Cuando escucho una nueva idea enseguida comienzo a pensar cómo ponerla en práctica.

(   ) 13. Prefiero las ideas originales y novedosas aunque no sean prácticas.

(   ) 14. Admito y me ajusto a las normas sólo
si me sirven para lograr mis objetivos.

(   ) 15. Normalmente encajo bien con personas reflexivas, y me cuesta sintonizar
con personas demasiado espontáneas,
imprevisibles.

(   ) 16. Escucho con más frecuencia que hablo.

(   ) 17. Prefiero las cosas estructuradas a las desordenadas.

(   ) 18. Cuando poseo cualquier información, trato de interpretarla bien antes de
manifestar alguna conclusión.

(   ) 19. Antes de hacer algo estudio con cuidado sus ventajas e inconvenientes.

(   ) 20. Me entusiasmo con el reto de
hacer algo nuevo y diferente.

(   ) 21. Casi siempre procuro ser coherente con mis criterios y sistemas de valores.
Tengo principios y los sigo.

(   ) 22. Cuando hay una discusión no me gusta ir con rodeos.

(   ) 23. Me disgusta implicarme afectivamente en el ambiente de la escuela.
Prefiero mantener relaciones distantes.

(   ) 24. Me gustan más las personas realistas y concretas que las teóricas.

(   ) 25. Me cuesta ser creativo/a, romper
estructuras.

(   ) 26. Me siento a gusto con personas espontáneas y divertidas.

(   ) 27. La mayoría de las veces expreso abiertamente cómo me siento.

(   ) 28. Me gusta analizar y dar vueltas a las cosas.

(   ) 29. Me molesta que la gente no se tome en serio las cosas.

(   ) 30. Me atrae experimentar y practicar las últimas técnicas y novedades.

(   ) 31. Soy cauteloso/a a la hora de sacar
conclusiones.

(   ) 32. Prefiero contar con el mayor número de fuentes de información. Cuantos
más datos reúna para reflexionar, mejor.

(   ) 33. Tiendo a ser perfeccionista.

(   ) 34. Prefiero oír las opiniones de los demás antes de exponer la mía.

(   ) 35. Me gusta afrontar la vida espontáneamente y no tener que planificar todo
previamente.

(   ) 36. En las discusiones me gusta observar cómo actúan los demás participantes.

(   ) 37. Me siento incómodo/a con las personas calladas y demasiado analíticas.

(   ) 38. Juzgo con frecuencia las ideas de los demás por su valor práctico.

(   ) 39. Me agobio si me obligan a acelerar mucho el trabajo para cumplir un plazo.

(   ) 40. En las reuniones apoyo las ideas prácticas y realistas.

(   ) 41. Es mejor gozar del momento presente que deleitarse pensando en el
pasado o en el futuro.

(   ) 42. Me molestan las personas que siempre desean apresurar las cosas.

(   ) 43. Aporto ideas nuevas y espontáneas en los grupos de discusión.

(   ) 44. Pienso que son más consistentes las decisiones fundamentadas en un minucioso análisis que las basadas en la intuición.

(   ) 45. Detecto frecuentemente la inconsistencia y puntos débiles en las argumentaciones de los demás.

(   ) 46. Creo que es preciso saltarse las normas muchas más veces que cumplirlas.

(   ) 47. A menudo caigo en la cuenta de otras formas mejores y más prácticas de hacer las cosas.

(   ) 48. En conjunto hablo más que escucho.

(   ) 49. Prefiero distanciarme de los hechos y observarlos desde otras perspectivas.

(   ) 50. Estoy convencido/a que debe imponerse la lógica y el razonamiento.

(   ) 51. Me gusta buscar nuevas experiencias.

(   ) 52. Me gusta experimentar y aplicar las cosas.

(   ) 53. Pienso que debemos llegar pronto al grano, al meollo de los temas.

(   ) 54. Siempre trato de conseguir conclusiones e ideas claras.

(   ) 55. Prefiero discutir cuestiones concretas y no perder el tiempo con pláticas superficiales.

(   ) 56. Me impaciento cuando me dan explicaciones irrelevantes e incoherentes.

(   ) 57. Compruebo antes si las cosas funcionan realmente.

(   ) 58. Hago varios borradores antes de la redacción definitiva de un trabajo.

(   ) 59. Soy consciente de que en las discusiones ayudo a mantener a los demás centrados en el tema, evitando divagaciones.

(   ) 60. Observo que, con frecuencia, soy uno/a de los/as más objetivos/as y desapasionados/as en las discusiones.

(   ) 61. Cuando algo va mal, le quito importancia y trato de hacerlo mejor.

(   ) 62. Rechazo ideas originales y espontáneas si no las veo prácticas.

(   ) 63. Me gusta sopesar diversas alternativas antes de tomar una decisión.

(   ) 64. Con frecuencia miro hacia delante para prever el futuro.

(   ) 65. En los debates y discusiones prefiero desempeñar un papel secundario antes que ser el/la líder o el/la que más participa.

(   ) 66. Me molestan las personas que no actúan con lógica.

(   ) 67. Me resulta incómodo tener que planificar y prever las cosas.

(   ) 68. Creo que el fin justifica los medios en muchos casos.

(   ) 69. Suelo reflexionar sobre los asuntos y problemas.

(   ) 70. El trabajar a conciencia me llena de satisfacción y orgullo.

(   ) 71. Ante los acontecimientos trato de descubrir los principios y teorías en que se basan.

(   ) 72. Con tal de conseguir el objetivo que pretendo soy capaz de herir sentimientos ajenos.

(   ) 73. No me importa hacer todo lo necesario para que sea efectivo mi trabajo.

(   ) 74. Con frecuencia soy una de las personas que más anima las fiestas.

(   ) 75. Me aburro enseguida con el trabajo metódico y minucioso.

(   ) 76. La gente con frecuencia cree que soy poco sensible a sus sentimientos.

(   ) 77. Suelo dejarme llevar por mis intuiciones.

(   ) 78. Si trabajo en grupo procuro que se siga un método y un orden.

(   ) 79. Con frecuencia me interesa averiguar lo que piensa la gente.

(   ) 80. Esquivo los temas subjetivos, ambiguos y poco claros.

Proceso de calificación

1. Rodea con un círculo cada uno de los números que has señalado con un signo más (+).

2. Suma el número de círculos que hay en cada columna.

3. Coloca estos totales en la gráfica. Une los cuatro para formar una figura. Así comprobarás cuál es tu estilo o estilos de aprendizaje preferentes.

ACTIVO	REFLEXIVO	TEORICO	PRAGMATICO
3	10	2	1
5	16	4	8
7	18	6	12
9	19	11	14
13	28	15	22
20	31	17	24
26	32	21	30
27	34	23	38
35	36	25	40
37	39	29	47
41	42	33	52

43	44	45	53
46	49	50	56
48	55	54	57
51	58	60	59
61	63	64	62
67	65	66	68
74	69	71	72
75	70	78	73
77	79	80	76

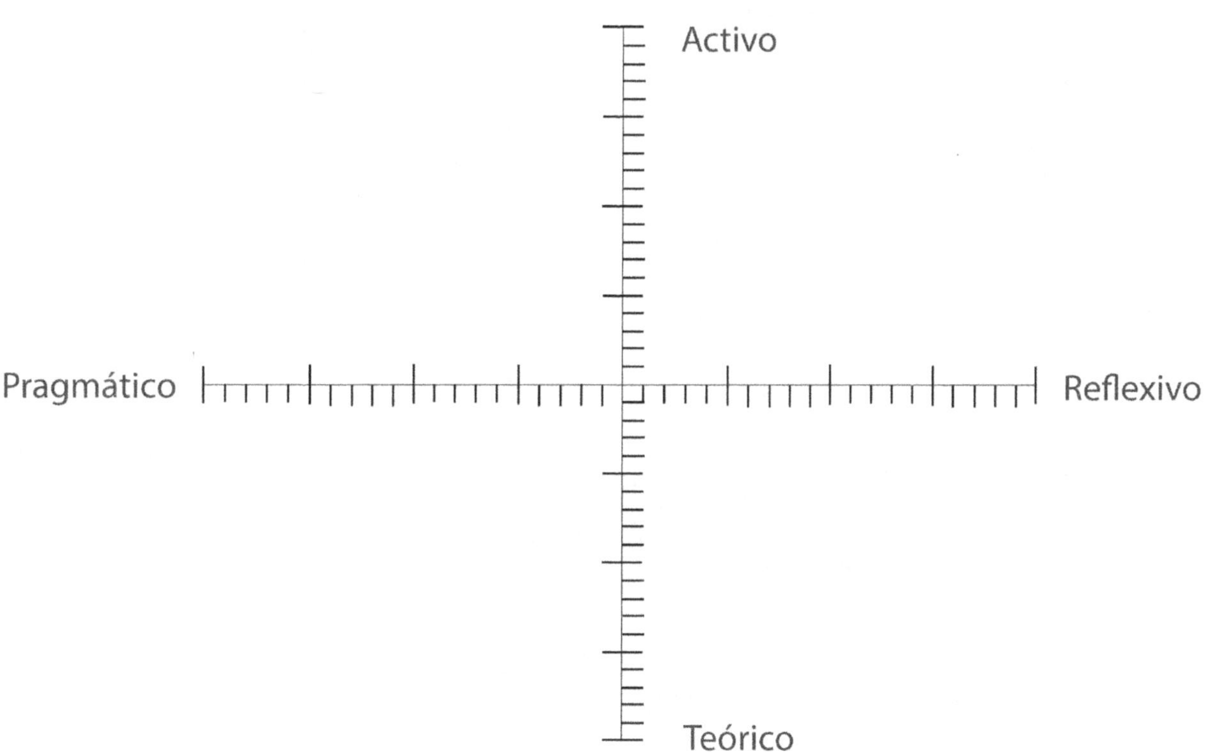